Dinosaurier
Giganten der Urzeit

Die Originalausgabe erschien unter dem Titel
„Dinosaurs – A Natural History"
bei Firecrest Books Ltd.
Diesem Buch liegt die von Tryo Edición Digital SL produzierte
CD-ROM „Historia Natural de los Dinosaurios"
zu Grunde.

Copyright © 1999 Firecrest Books Ltd. und
© 1999 Tryo Edición Digital SL

In neuer Rechtschreibung

Aus dem Englischen übersetzt von Martin Kliche

ISBN 3-401-05915-7
ISBN 978-3-401-05915-0
4. Auflage 2006
© Arena Verlag GmbH, Würzburg
Alle Rechte für die deutsche Ausgabe vorbehalten
Einbandgestaltung: Agentur Hummel & Lang, Würzburg
Repro: SC (Sang Choy) International Ltd., Singapore
Printed in China by SC (Sang Choy) International Ltd.

www.arena-verlag.de

Dinosaurier
Giganten der Urzeit

Paul Barrett/José Luis Sanz
Illustriert von Raul Martín

Arena

Autor und Herausgeber
Dr. Paul M. Barrett

Co-Autoren
Emily Rayfield
Dr. Ian Jenkins

Text der CD-ROM
Prof. José Luis Sanz
Bernardino Pérez-Moreno
Joaquín Moratalla

Projektmanagement
Peter Sackett

Lektorat
Norman Barrett

Layout
Phil Jacobs

Koordination
Pat Jacobs

Danksagung

Wir danken José Luis Sanz, Professor für Paläontologie an der *Universidad Autónoma de Madrid,* der den Text der CD-ROM „Historia Natural de los Dinosaurios" zur Verfügung gestellt und die Original-Illustrationen wissenschaftlich betreut hat. Er half außerdem bei der Auswahl des Materials und nahm letzte Korrekturen vor.
Verpflichtet sind wir auch Miguel Carrascal von *Tryo Edición Digital* und Rafael Casariego, die bei der Koordination des Projekts mitgewirkt haben.

Folgende Personen und Institutionen haben Fotos zur Verfügung gestellt:
Paul Barrett; The Kobal Collection; Natural History Museum, London;
Museo de Ciencias, Madrid; Universidad Autónoma de Madrid;
Museo Nacional de Ciencias Naturales, Madrid; Royal Tyrell Museum of Paleontology, Alberta; Smithonian Institution, Washington DC; José Luis Sanz
sowie mehrere spanische Organisationen und Agenturen

Vorwort

Zu den bemerkenswertesten Aspekten der modernen Dinosaurier-Forschung gehört die Zusammenarbeit der Paläontologen mit Künstlern – um die Dinosaurier und ihre Umwelt möglichst lebendig wieder erstehen zu lassen. Dieses Buch entstand aus dem Material einer CD-ROM: dem ambitioniertesten Projekt dieser Art, das in Spanien je unternommen wurde. Sein Ziel: das Wissen über die Dinosaurier aufzufrischen und auf den neuesten Stand zu bringen.

Dieses Multimedia-Projekt wurde von einer Gruppe von Dinosaurier-Forschern der *Universidad Autonóma des Madrid* initiiert und in Zusammenarbeit mit dem Künstler Raul Martín sowie den Grafikern und Computer-Spezialisten der *Tryo Edición Digital* entwickelt.

Von Anfang arbeiteten Wissenschaftler, Illustratoren und Multimedia-Experten Hand in Hand, um ein Medium zu schaffen, das ganz neue Einblicke in die Welt der Dinosaurier ermöglichen würde. Die enge Zusammenarbeit der Paläontologen mit den Künstlern sorgte dafür, dass die Rekonstruktion der Dinosaurier und ihrer Umwelt so akkurat wie möglich umgesetzt wurde. Alle verfügbaren Daten und Informationen über die Lebensweise der Dinosaurier wurden berücksichtigt, um wilde Spekulationen zu vermeiden, wie sie in Publikationen über Dinosaurier häufig zu finden sind.

Dieses Buch – mit einem komplett neuen Text von Dr. Paul Barrett, Universität Oxford – möchte genau wie das Ursprungsprojekt, die CD-ROM, nicht nur wissenschaftlich fundierte Informationen bereitstellen, sondern auch faszinierende Eindrücke vermitteln und Dinosaurier-Fans aller Altersgruppen begeistern.

José Luis Sanz
Madrid, Juli 2000

Inhalt

Einführung	8	Lesothosaurus	65
Was ist ein Dinosaurier?	10	Scelidosaurus	66
Die Zeit der Dinosaurier	12	Hylaeosaurus	67
Trias	16	Ankylosaurus	68
Jura	18	Kentrosaurus	70
Kreide	20	Stegosaurus	72
Fundstätten	22	Pachycephalosaurus	74
Entdeckungen	24	Psittacosaurus	76
Rekonstruktion	28	Protoceratops	78
Wie sie lebten	32	Chasmosaurus	80
Geburt eines Dinosauriers	36	Pachyrhinosaurus	84
Angriff und Verteidigung	42	Styracosaurus	85
Was Dinosaurier fraßen	48	Triceratops	86
Wie groß waren sie?	54	Hypsilophodon	88
Wie sie sich fortbewegten	56	Camptosaurus	92
Die Dinosaurier	59	Ouranosaurus	96
Saurischia	60	Tenontosaurus	97
Ornithischia	62	Iguanodon	98
Lagosuchus	64	Maiasaura	102

Eine Herde Centrosaurier versucht einen Fluss zu durchqueren und kämpft gegen die Strömung. Wenn sie das rettende Ufer nicht erreicht, wird sie vom Wasser mitgerissen und verschlungen werden – und die Fossilien entdeckt man vielleicht in Millionen Jahren in einem Knochengrab. ▶

Corythosaurus	104		Baryonyx	146
Lambeosaurus	108		Carcharodontosaurus	150
Parasaurolophus	112		Compsognathus	151
Plateosaurus	114		Oviraptor	152
Apatosaurus	116		Therizinosaurus	156
Brachiosaurus	118		Pelecanimimus	158
Camarasaurus	120		Struthiomimus	160
Diplodocus	124		Troodon	162
Aragosaurus	128		Tyrannosaurus	166
Patagosaurus	129		Deinonychus	170
Saltasaurus	130		Velociraptor	172
Eoraptor	132		Archaeopteryx	174
Herrerasaurus	133		Baptornis	176
Carnotaurus	134		Iberomesornis	178
Ceratosaurus	138		Aussterben	180
Coelophysis	139		Dinosaurierfilme	186
Dilophosaurus	140		Worterklärungen	188
Allosaurus	142		Register	190

Einführung

Giganten der Urzeit

Dinosaurier gehören wohl zu den spektakulärsten Tieren, die jemals auf der Erde lebten. Die Popularität von Fernsehsendungen, Büchern und Kinofilmen über Dinosaurier zeigt, wie sehr die urzeitlichen Giganten Kinder und auch Erwachsene faszinieren. Vermutlich war das Interesse an den Dinosauriern seit ihrer Entdeckung in England vor 150 Jahren noch nie so groß wie heute. Das Zeitalter der Dinosaurier, eine lange vergangene und für uns fremde Welt, wird in diesem Buch wieder lebendig. Und es zeigt, wie spannend und fesselnd die Erforschung der Dinosaurier ist.

In den letzten 30 Jahren haben sich die wissenschaftlichen Methoden, die für die Untersuchung von Dinosaurierfossilien angewendet werden, grundlegend verändert und verbessert. Deshalb wird die Erforschung der Dinosaurier auch in Zukunft noch viel zum besseren Verständnis der Evolution beitragen können. Sie liefert z. B. Informationen darüber, wie sich die Erde im Laufe der Zeit verändert hat, wie Tiere von ihrer Umwelt beeinflusst wurden und welche Gründe zum Aussterben von Arten führten. Die Paläontologie – das ist die Wissenschaft zur Erforschung des uralten Lebens – ist dabei keineswegs nur in die Vergangenheit gerichtet, sondern sie unterstützt mit ihren Forschungsergebnissen auch die Arbeit vieler Biologen, die mit Problemen der Gegenwart befasst sind.

Die Porträts

Den größten Teil des Buches nehmen die Porträts ein, die ausführliche Informationen zu 51 verschiedenen Dinosauriern bieten. Sie wurden aus den zur Zeit bekannten rund 375 Dinosauriergattungen ausgewählt. Neue Dinosaurier werden laufend entdeckt und ungefähr 6–10 neue Gattungen erhalten jährlich einen Namen. In diesem Buch konnten nicht alle Dinosaurier behandelt werden, doch die Porträts erfassen die gesamte Breite der unterschiedlichen Lebensweisen und Strukturen. Charakteristische Details sind auf der jeweils gegenüberliegenden Seite der Porträts abgebildet und erklärt – eine Skala zum Größenvergleich, eine Karte mit den Orten, wo die Dinosaurier gefunden wurden, sowie eine Zeittafel, auf der die Zeitspanne markiert ist, in der diese Gattung innerhalb des Zeitalters der Dinosaurier existierte. Die Rubrik „Fakten" enthält wichtige Daten der jeweiligen Dinosaurier in Kurzform. Jedes Porträt berücksichtigt eher die Gattung als die Art – Tyrannosaurus mehr als Tyrannosaurus rex, auch wenn in diesem Fall nur eine Art, nämlich rex, existierte. Die meisten Gattungen haben nur eine Art, andere jedoch wie Brachiosaurus und Chasmosaurus dagegen zwei, drei oder mehr Arten.

Die Geschichte der Dinosaurier

Die Geschichte der Dinosaurier wird in diesem Buch auf zwei Ebenen behandelt – die erste beschreibt Biologie, Verhalten und Lebensraum der Dinosaurier, die zweite deutet die Erkenntnisse in einem größeren Zusammenhang.
Durch Untersuchungen des Gesteins, in dem Dinosaurierfossilien gefunden wurden, können Wissenschaftler auf die Umwelt der Dinosaurier schließen und mit einiger Sicherheit auch den Zeitraum bestimmen, in dem sie lebten. Auch andere Tiere, die zur gleichen Zeit lebten, werden dabei entdeckt. Das Buch erklärt auch, wie Beweise gefunden und zusammengefügt werden und warum bestimmte Theorien glaubwürdiger erscheinen als andere.

wissenschaftlicher lateinischer Name

Die Angaben zu Länge (einschließlich des Schwanzes), Gewicht und Alter der Dinosaurier sind den neuesten wissenschaftlichen Veröffentlichungen entnommen.

Die beiden Hauptgruppen, Saurischia und Ornithischia, sind in der Systematik nicht berücksichtigt.

Die Farbe des Balkens zeigt an, zu welcher Gruppe der Dinosaurier gehört (vergleiche die Stammbäume auf den Seiten 60–63).

Der Zeitraum, in dem die Dinosaurierart lebte, ist auf der Zeitschiene hervorgehoben.

Länder, in denen Fossilien des Dinosauriers entdeckt wurden, sind farbig gekennzeichnet. Die Fundstätten sind durch Punkte markiert. Kreise zeigen Fundstellen von Überresten an, die vermutlich auch zu diesem Dinosaurier gehören.

| 10 Meter | 5 Meter | 1 Meter | 0,5 Meter |

Manche Erkenntnisse wurden von heute lebenden Tieren wie Vögeln und Reptilien abgeleitet. Dem Text und den Abbildungen liegen die neuesten wissenschaftlichen Erkenntnisse zu Grunde. Die enge Verwandtschaft zwischen Dinosauriern und Vögeln wird in diesem Buch anerkannt, obwohl einige Wissenschaftler diese Theorie ablehnen. Das Buch handelt auch von der faszinierenden Geschichte der Entdeckungen der Dinosaurier und den ersten Pionieren der „Dinosaurologie", wie die Medien einst schrieben. Eine kurze Einteilung der Dinosaurier stellt die Verwandtschaftsverhältnisse der verschiedenen Dinosaurierarten dar. Und es wird die Frage behandelt, warum die Dinosaurier ausgestorben sind. Ihr Wissen über die Dinosaurier verdanken die Autoren engagierten Teams von Mitarbeitern, Museumsfachleuten und Wissenschaftlern, die uralte Knochen, Zähne, Fußabdrücke und sogar Exkremente sammelten. Sie fanden z. B. heraus, wie die Dinosaurier aussahen und sich fortbewegten, was sie fraßen oder wie sie sich gegen Angriffe schützten. All dies und noch vieles mehr wird in diesem Buch wieder lebendig – die Geschichte der Dinosaurier.

Für die Darstellung der Größe eines Dinosauriers gibt es vier verschiedene Maßstäbe. Im Hintergrund ist die Silhouette eines erwachsenen Menschen (oder eines Teils von ihm) abgebildet, um die Größe der Tiere im Vergleich besser zu veranschaulichen.

Was ist ein Dinosaurier?

Schreckliche Echsen

Dinosaurier gehören zu den erfolgreichsten Landtieren, die jemals lebten. Mehr als 150 Millionen Jahre waren sie auf der Erde verbreitet. Sie eroberten alle Kontinente und entwickelten sich zu einer verwirrenden Formenvielfalt. Es gab gigantische Pflanzenfresser – manche höher als ein Haus –, aber auch winzige Fleischfresser von der Größe eines Huhns. Der Name Dinosaurier bedeutet „schreckliche Echse". Diese Wesen beherrschten die Erde bis vor etwa 65 Millionen Jahren, als sie nach mehreren Umweltkatastrophen ausstarben.

Dinosaurier waren Reptilien – das sind Tiere, die eine Wirbelsäule, vier Beine und eine wasserfeste Haut aus Schuppen besitzen. Wie die meisten anderen Reptilien legten auch Dinosaurier hartschalige Eier. Genaue Studien des Körperbaus von Reptilien zeigten, dass die Dinosaurier sehr eng mit den heute lebenden Krokodilen und Alligatoren verwandt sind. Ihre Skelette weisen einige gemeinsame Merkmale auf, die bei anderen Reptilien nicht vorhanden sind, z. B. besondere Schädelöffnungen, an denen die Kiefermuskeln ansetzen.

werden, da eine solche Beinstellung kein großes Gewicht tragen kann. Im Gegensatz dazu saßen die Beine der Dinosaurier direkt unterhalb des Körpers – wie bei Hunden oder Pferden. So wirkten sie als Stützen und konnten auch das Gewicht eines sehr schweren Tieres tragen. Außerdem konnten Dinosaurier – anders als Reptilien mit ihren abgewinkelten Beinen – sehr weite Schritte machen und deshalb auch schnell laufen, ohne zu viel Energie zu verschwenden.

Obwohl die ersten Dinosaurier Fleischfresser waren, entwickelten sich bald schon Pflanzen fressende Arten. Die Kiefer des Entenschnabelsauriers Edmontosaurus *hatten viele hundert Zähne, die bestens geeignet waren harte Pflanzen zu zermahlen.* ▼

Kleine Fleischfresser wie z. B. Coelophysis *gehörten zu den ersten Dinosauriern, die auf der Erde lebten.* ▶

Schnelle Läufer

Dinosaurier unterscheiden sich aber auch von ihren Vettern, den Krokodilen, und allen anderen Reptilien in einer Reihe wichtiger Punkte. Die bedeutendsten Unterschiede finden sich an den Fuß-, Bein- und Hüftknochen. Bei den meisten Reptilienarten stehen die Beine seitlich vom Körper ab. Beim Laufen beschreiben sie einen weiten Bogen. Diese Art zu laufen wird als „Spreizgang" bezeichnet. Er verhindert, dass diese Tiere schnell laufen können oder sehr groß

10

Auch von Alligatoren und Krokodilen, die enge Verwandte der Dinosaurier sind, fand man viele Fossilien. Die ersten krokodilartigen Tiere erschienen vor etwa 250 Millionen Jahren. ▼

Die ersten Dinosaurier

Die ersten Dinosaurier erschienen gegen Ende der Trias vor ungefähr 230 Millionen Jahren im Bereich des heutigen Argentinien. Es waren kleine Fleischfresser, die bis zu einem Meter groß wurden. Am Ende der Trias erschienen verschiedene neue Dinosaurierarten, unter ihnen einige kleine Pflanzenfresser. Die ersten Dinosaurier waren noch ganz vereinzelt, doch mit der Zeit verbreiteten sie sich mehr und mehr. Aus den ersten Tieren entwickelten sich viele verschiedene Dinosaurierarten.

An diesem Skelett des Theropoden Piatnitzkysaurus kann man erkennen, dass die Beine direkt unterhalb des Körpers saßen. So konnten sie das Gewicht des Tieres leichter tragen. ▼

Die Zeit der Dinosaurier

Die Welt im Mesozoikum

Dinosaurier lebten vor Millionen Jahren zu einer Zeit, die Mesozoikum (Erdzeitmittelalter) genannt wird. Damals sah es auf der Erde völlig anders aus als heute. Zu Lande, im Wasser und in der Luft lebten viele Tiere und Pflanzen von ungewöhnlichem Aussehen. Sogar die Umrisse der Kontinente verliefen ganz anders als jetzt. Obwohl uns dies alles sehr fremd erscheint, war jene Welt doch die Heimat der Vorfahren vieler Lebewesen, die wir heute kennen.

Insekten wie dieser Käfer lebten lange vor dem Mesozoikum auf der Erde. Käfer sind eine sehr alte Tierart, die vor etwa 270 Millionen Jahren im Zeitalter des Perms erstmals erschienen. ▼

Das Mesozoikum wird in drei Perioden eingeteilt: Trias, Jura und Kreide. Die Trias ist die früheste Periode. Sie dauerte von vor etwa 245 bis vor 213 Millionen Jahren. Während der Trias waren alle Kontinente zu einer großen Landmasse verschmolzen, die Wissenschaftler Pangaea nennen. Auf der Erde war es damals warm und trocken und es gab viele Wüsten. An den Polen waren während des gesamten Mesozoikums noch keine Eiskappen, wie sie heute die Antarktis und Grönland bedecken. In dieser unwirtlichen Umwelt entwickelten sich die Dinosaurier. Offenbar konnten sie sich der Hitze und dem Wassermangel gut anpassen. Sie wurden immer zahlreicher, während eine Reihe anderer Tierarten, so auch die Vorfahren der Säugetiere, immer seltener wurde. Fleischfresser wie Herrerasaurus und Pflanzen fressende Prosauropoden wie Plateosaurus waren die vorherrschenden Dinosaurierarten, die zu jener Zeit lebten. Die Trias kann man als Anfang des Zeitalters der Dinosaurier bezeichnen.

Giganten des Juras
Auf die Trias folgte vor 213 Millionen Jahren der Jura, der bis zum Beginn der Kreidezeit vor 144 Millionen Jahren währte. Während dieser Periode wurde das Klima feuchter, aber es war immer noch wärmer als heute. Durch die Feuchtigkeit konnten sich Pflanzen auch in die Wüstenregionen ausdehnen und sie in Wälder aus riesigen Bäumen und in Prärien mit Farnen und anderen niedrig wachsenden Pflanzen verwandeln. Am Anfang des Juras begann

Pangaea auseinander zu brechen. Zwischen Nordamerika und Europa sowie zwischen Europa und Afrika entstanden große Meere: der Atlantik und das Mittelmeer. Während des Juras vergrößerte sich die Zahl der Dinosaurier und viele verschiedene Arten erschienen, so z. B. gigantische, langhalsige Sauropoden oder gepanzerte Dinosaurier wie Stegosaurus und große Fleischfresser wie Allosaurus.

Das Ende einer Ära
Die letzte Periode des Mesozoikums war die Kreidezeit. In diesem Abschnitt, in dem sich die Welt schneller als vorher veränderte, lebten die meisten Dinosaurier. Am Ende der Kreide verschoben sich die Kontinente an jene Positionen, die sie heute noch einnehmen. Nur Indien war noch eine große Insel, von allen anderen Kontinenten isoliert. Australien, die Antarktis und Südamerika waren immer noch durch schmale Landbrücken

Die ersten Frösche erschienen während der Trias. Sie sahen fast genauso aus wie die heute lebenden Frösche. Dieser versteinerte Frosch stammt aus der Unterkreide. ▶

miteinander verbunden. Die Temperatur erreichte zu Beginn der Kreide ihre höchsten Werte und kühlte mit der Zeit langsam ab. Dies war die Epoche des großen Raubsauriers Tyrannosaurus rex, des dreihörnigen Triceratops sowie der Entenschnabelsaurier. Am Ende der Kreide vor 65 Millionen Jahren verschwanden diese unglaublichen Tiere zusammen mit vielen anderen Tier- und Pflanzenarten. Auch wenn über die Gründe dafür noch diskutiert wird: Das Ende der Kreidezeit markiert das Ende des Zeitalters der Dinosaurier. Im folgenden Zeitalter, dem Känozoikum, das häufig auch als Zeitalter der Säugetiere bezeichnet wird, gab es keine Dinosaurier mehr.

In Gesteinen aus dem Jura und der Kreidezeit kommen versteinerte Schuppen dieses Fisches häufig vor. Lepidotes *war ein großer Fisch, der etwa einen halben Meter oder länger wurde. Er war wohl auch die bevorzugte Beute für einige große Krokodile und Dinosaurier.* ▼

Pflanzen im Mesozoikum

Felder aus Gräsern und Blumen oder Wälder aus Eichen- oder Buchenbäumen sind für uns in vielen Ländern ein vertrauter Anblick. Den meisten Dinosauriern war das unbekannt, da diese Pflanzen erst spät in der Kreidezeit erschienen. Gräser entwickelten sich sogar erst, nachdem die Dinosaurier ausgestorben waren. Im Mesozoikum bestand die niedrig wachsende Vegetation zum größten Teil aus Farnen und Palmfarnen (ananasähnlichen Pflanzen mit gewaltigen, fächerförmigen Blättern). Sie waren wahrscheinlich eine wichtige Nahrungsquelle für Pflanzen fressende Dinosaurier. Wälder aus riesigen Nadelbäumen und Baumfarnen waren der Lebensraum für viele verschiedene Tierarten.

▲ *Palmfarne waren die häufigsten Pflanzen während des Mesozoikums. Sie sind heute nicht mehr weit verbreitet, weil sie nur im heißen tropischen Klima gedeihen. In der Kreidezeit, als es auf der Erde wesentlich wärmer war, wuchsen Palmfarne sogar in der Nähe des Nordpols.*

Die Zeit der Dinosaurier

Die anderen Tiere

Pterosaurier

Zur Zeit der Dinosaurier lebten auch viele andere Tiere, die heute längst ausgestorben sind. Während die Dinosaurier das Land beherrschten, unterwarfen sich gewaltige Meeresreptilien die Ozeane. Fliegende Reptilien stürzten aus der Luft herab, um Insekten und Fische zu fangen. Daneben versuchten kleine, frühe Verwandte der Säugetiere und Vögel sich in ihrem Lebensraum zu behaupten und zu verhindern, dass sie zur Beute der größeren Tiere wurden.

Viele der heute lebenden Tierarten haben ihren Ursprung im Mesozoikum. Säugetiere wie der Morganucodon, klein wie eine Spitzmaus, erschienen in der Oberen Trias. Während der längsten Zeit des Mesozoikums blieben die Säugetiere kleine geheimnisvolle Wesen, die nicht größer als eine Ratte oder ein Kaninchen wurden. Sie errangen die Herrschaft im Tierreich erst, nachdem die Dinosaurier ausgestorben waren. Frösche und Krokodile entwickelten sich ebenfalls während der Trias, so wie See- und Landschildkröten. Echsen und Archaeopteryx, der erste Vogel, erschienen dann im Jura. Schlangen entwickelten sich erstmals in der Kreidezeit.

Meeresungeheuer

Spektakuläre Meeresreptilien wie Ichthyosaurier, Plesiosaurier, Pliosaurier und Mosasaurier bewohnten die mesozoischen Meere. Die Ichthyosaurier waren am besten dem Meeresleben angepasst. Mit ihrer langen, spitzen Schnauze voller scharfer Zähne, Flossen zum Steuern und einem kräftigen, sichelförmigen Schwanz sahen sie Delfinen sehr ähnlich. Ichthyosaurier konnten das Wasser zum Eierlegen nicht verlassen und brachten daher im Wasser lebende Jungtiere zur Welt. Plesiosaurier hatten lange, schlangenförmige Hälse, kurze, untersetzte Körper sowie kleine Köpfe mit scharfen, spitzen Zähnen. Aus ihren Beinen hatten sich große Paddelflossen entwickelt, die sie auf und ab schlugen, um im Wasser vorwärts zu kommen. Pliosaurier glichen den Plesiosauriern, sie hatten jedoch kürzere Hälse und größere Köpfe. Liopleurodon, eine Pliosaurierart, war der größte Fleischfresser, der je gelebt hatte. Sein Kopf war über 2 m groß! Mosasaurier waren gigantische Echsen, die eng mit den heute lebenden Waranen verwandt sind. Alle Meeresreptilien ernährten sich von Fischen, Tintenfischen und Schalentieren. Die großen Pliosaurier fraßen häufig auch andere Meeresreptilien. Bis auf die Schildkröten starben alle Meeresreptilien zum Ende der Kreidezeit aus.

Fliegende Reptilien

Fliegende Reptilien oder Pterosaurier erschienen bereits früh in der Trias und überlebten bis zum Ende der Kreidezeit. Pterosaurier kamen in unterschiedlichsten Größen vor. Die meisten waren so groß wie Tauben und Krähen, einige nur sperlingsgroß. Das größte fliegende Tier aller Zeiten war ebenfalls ein Pterosaurier. Quetzalcoatlus, der in Nordamerika während der Oberkreide lebte, besaß eine Flügelspanne von ca. 12 m! Die Flügel der Pterosaurier bestanden aus einem sehr langen Finger, an dem ein dünner, aber fester Hautlappen befestigt war. Dieser Hautlappen setzte seitlich am Körper an und reichte bis zu den Knöcheln. Pterosaurier lebten an Flüssen und Seen und bauten ihre Nester auch an Meeresklippen. Sie ernährten sich meist von Insekten, Fischen und anderen Kleintieren.

▲ *Schädel von* Bernissartia, *einem Krokodil, das in der Unterkreide weit verbreitet war. Seine fossilen Überreste wurden in Südengland, Belgien, Deutschland, Spanien und Frankreich gefunden.*

▲ *Von Schildkröten fand man sehr viele Fossilien, weil es früher mehr See- und Landschildkröten als heute gab. Ein Grund dafür ist die langsame Abkühlung der Erde seit der Kreidezeit. Viele Reptilien können bei niedrigeren Temperaturen nicht leben.*

Ein Masosaurierpaar verspeist einen Nautilus. Nautilus *gehört zu den Weichtieren, zu denen auch die Ammoniten zählten.* Nautilus *lebt noch heute und wird oft auch als lebendes Fossil bezeichnet.* ▶

Trias

Dinosaurier erschienen erstmals in der Oberen Trias. Herden von Prosauropoden wie Plateosaurus waren zu dieser Zeit weit verbreitet.

Jura

Während des Juras beherrschten gigantische Sauropoden wie Diplodocus die Erde. Sie teilten sich ihr Revier mit Allosaurus (rechts) und anderen großen Fleischfressern.

Kreide

Entenschnabelsaurier wie Parasaurolophus (vorn) und Edmontosaurus (hinten) waren die verbreitetsten Dinosaurier während der Oberkreide. Riesige Herden dieser Tiere wanderten durch dichte Nadelwälder.

Fundstätten

Auf allen Kontinenten

Wichtige Fundorte

Das sind die zwölf wichtigsten Fundstätten mit Beispielen bedeutsamer Funde. Du findest sie auch auf der Karte.

1 Alberta, Kanada: *Triceratops, Ankylosaurus, Troodon, Pachycephalosaurus*

2 Colorado, Montana, Wyoming und Utah, USA: *Diplodocus, Brachiosaurus, Camarasaurus, Stegosaurus, Camptosaurus, Maiasaura, Tyrannosaurus, Allosaurus*

3 Arizona und New Mexico, USA: *Coelophysis* und *Ceratosaurus*

4 Argentinien: *Saltasaurus, Carnotaurus, Eoraptor, Patagosaurus, Herrerasaurus*

5 England: *Iguanodon, Hypsilophodon, Baryonyx, Hylaeosaurus*

6 Deutschland: *Plateosaurus, Compsognathus, Archaeopteryx*

7 Spanien: *Pelecanimimus* und *Iberomesornis*

8 Niger: *Ouranosaurus*

9 Tansania: *Brachiosaurus, Kentrosaurus*

10 Südafrika: *Lesothosaurus*

11 Mongolei: *Psittacosaurus, Velociraptor, Oviraptor, Protoceratops*

12 China: *Psittacosaurus* und viele Sauropoden, Theropoden sowie Stegosaurier

Knochen, Eier und Fußabdrücke von Dinosauriern wurden in Steinbrüchen, Wüsten und Wäldern rund um die Erde entdeckt. Auf jedem Kontinent gibt es Fundstätten, auch in den Eiswüsten der Antarktis. Sogar auf dem Meeresboden fand man ihre Überreste.

22

Überreste von Dinosauriern fand man besonders häufig in Nordamerika, China, Argentinien und Westeuropa. Dort gibt es sehr viel Sedimentgestein, in dem die Dinosaurierfossilien enthalten sind. Bis vor kurzer Zeit gewannen Wissenschaftler ihre Erkenntnisse vor allem aus Funden in Nordamerika und Europa. Heute entdecken Expeditionen auch in abgelegenen, unzugänglichen Weltregionen, oft auf der Suche nach Öl oder anderen Bodenschätzen, neue Fundstätten.

Außer an den bedeutenden Fundstätten wurden Fossilien auch in Brasilien (A), Frankreich (B), Rumänien (C), Marokko (D), Madagaskar (E), Indien (F) und Australien (G) entdeckt. ▼

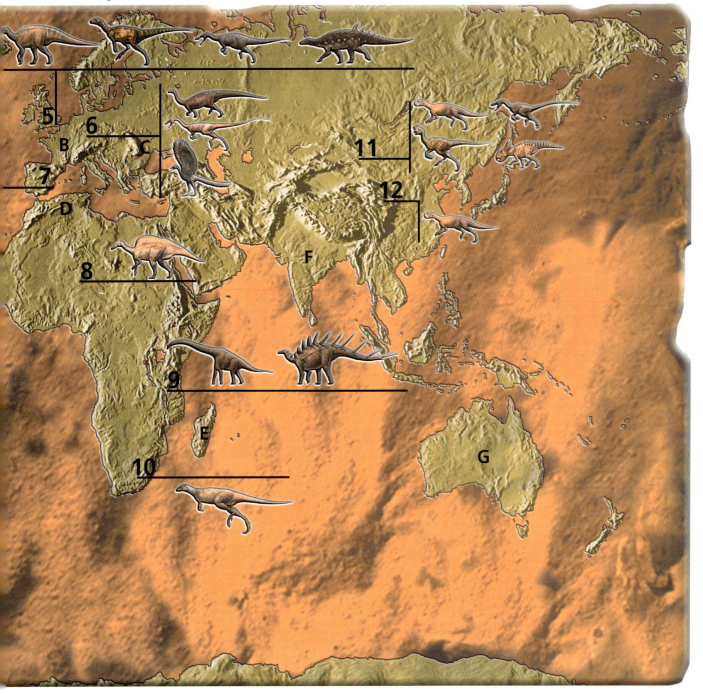

Entdeckungen

Sagenhafte Fabelwesen

Die Überreste urzeitlicher Tiere faszinierten die Menschen seit jeher, obwohl die Herkunft der fossilen Knochen und Zähne sehr lange rätselhaft blieb. Früher glaubten viele Gelehrte, dass die Überreste der Dinosaurier oder anderer frühgeschichtlicher Tiere wie z. B. der Mammuts von Riesen oder sagenhaften Fabelwesen stammten. Andere hielten die Fossilien für Reste der Tiere, die bei der biblischen Sintflut umgekommen waren. Erst in den letzten zwei Jahrhunderten erkannte man, dass diese Fossilien Überreste von Tieren (oder Pflanzen) sind, die vor unvorstellbar langer Zeit ausgestorben waren und sich deutlich von den heute lebenden unterschieden.

▲ *Der Engländer Robert Plot veröffentlichte 1677 die erste Zeichnung eines Dinosaurierknochens.*

▲ *Der britische Geologe William Buckland gab als Erster einem Dinosaurier einen wissenschaftlichen Namen, als er 1824 Megalosaurus beschrieb.*

Die ersten Aufzeichnungen von Überresten der Dinosaurier stammen aus China. Versteinerte Knochen werden in zahlreichen Schriften erwähnt, die zum Teil über 1 700 Jahre alt sind. Man nahm an, dass die riesigen Knochen, die man im Boden fand, die Überreste großer Drachen waren. Die Chinesen glaubten, dass diese „Drachenknochen" magische Eigenschaften besäßen. Gelegentlich wurden die Knochen deshalb zermahlen und als Zutat für traditionelle Medizin verwendet.

Fabeltiere
Wahrscheinlich waren Erzählungen von einem sagenhaften Greifen, der den Körper eines Löwen und Kopf, Flügel sowie Krallen eines Adlers besessen haben soll, die Folge erster Begegnungen mit Überresten von Dinosauriern. Bei zentralasiatischen Stämmen kursierten vor etwa 2 500 Jahren Geschichten über Furcht erregende Tiere, die in der Wüste Goldschätze bewachten. Dieser Mythos beruhte wahrscheinlich auf der Entdeckung von Protoceratops-Skeletten, die in einigen Teilen der Wüste Gobi sehr häufig vorkommen, und deren ungewöhnliches Aussehen sich die Menschen nicht erklären konnten.

Europäische Entdeckungen
Der Engländer Robert Plot zeichnete als Erster einen Dinosaurierknochen und veröffentlichte diese Zeichnung 1677 in einem Buch über die Naturgeschichte von Oxfordshire. Man glaubte, es handle sich um den Knochen eines Elefanten, der von den Römern nach England gebracht worden war. Später wurde er für den Knochen eines Riesen gehalten. Leider ist der Knochen heute verloren, doch Plots Beschreibungen und Zeichnungen zeigen, dass er Teil des Oberschenkelknochens eines großen Fleisch fressenden Dinosauriers war.

Entdeckung von Megalosaurus
William Buckland, ein exzentrischer Geologiedozent an der Universität von Oxford, beschrieb und benannte als Erster einen Dinosaurier. In Kalksandsteinbrüchen bei Oxford waren um 1815 die Knochen eines fossilen Reptils ausgegraben und Buckland zur Untersuchung übergeben worden. Er kam zu dem Ergebnis, dass es sich um ein gigantisches Fleisch fressendes Reptil handeln musste, und gab ihm 1824 den Namen Megalosaurus.

Der Arzt und der Dinosaurier
Gideon Mantell, ein Arzt aus Lewes an der Südküste Englands, war ein begeisterter Sammler von Fossilien. Er war sehr häufig in den zahlreichen kleinen Steinbrüchen der Umgebung. Bei einem dieser Ausflüge entdeckte er die versteinerten Zähne eines ungewöhnlichen Tieres. 1825 gab er ihm den Namen Iguanodon und vermutete, dass die Zähne einst einer gewaltigen, Pflanzen fressenden Echse gehörten. Da-

mals eine revolutionäre Annahme, weil Pflanzen fressende Reptilien sehr selten sind. Iguanodon war der zweite Dinosaurier, der benannt und wissenschaftlich beschrieben wurde.

Namensgebung
Wir wissen heute, dass Megalosaurus und Iguanodon Dinosaurier sind. Als Buckland und Mantell ihre Arbeiten veröffentlichten, gab es den Begriff „Dinosaurier" aber noch gar nicht. Megalosaurus und Iguanodon wurden als riesige Echsen eingestuft. Die Zuordnung als „Dinosauria" erfolgte erst einige Jahre später, nachdem der Wissenschaftler Richard Owen die fossilen Skelette erneut untersucht und zahlreiche Abweichungen gegenüber anderen Reptilien feststellt hatte.

Schreckliche Echsen
Richard Owen prägte 1842 den Begriff „Dinosaurier", der „schreckliche Echse" bedeutet und sich auf die enorme Größe der Tiere bezieht. Die ursprünglichen Vertreter der Dinosauria waren Megalosaurus, Iguanodon und Hylaeosaurus. Owen wies nach, dass sich die Skelette dieser Tiere in ihrem Aufbau wesentlich von dem anderer lebender oder ausgestorbener Reptilien unterschieden. Damit veränderte Richard Owen unsere Sicht über das Leben im Mesozoikum grundlegend.

Abendessen in einem Dinosaurier

Für die Weltausstellung in London von 1850/51 wurden unter der Leitung von Richard Owen Gipsmodelle von Iguanodon, Megalosaurus und Hylaeosaurus angefertigt. Vor Beginn der Ausstellung lud Owen herausragende Wissenschaftler zu einem Essen im Inneren des unvollständigen Modells von Iguanodon ein. Später wurden die Modelle in den Crystal Palace Park im Süden Londons gebracht, wo sie noch heute zu sehen sind (unten).

Entdeckungen

Die „Knochenkriege"

Seit Mitte des 19. Jahrhunderts führten immer neue Funde in Europa und die Entdeckung zahlreicher vollständiger Skelette in Nordamerika zu einem enormen Aufschwung der Dinosaurierforschung. Das Wissen über die Dinosaurier nahm erstaunlich schnell zu. Im Laufe des folgenden Jahrhunderts zeigten weitere Entdeckungen auch in anderen Kontinenten, wie sehr diese Tiere die Erde für Millionen von Jahren beherrscht hatten.

▲ *Gideon Mantell zeigte dem französischen Anatom Georges Cuvier die großen Zähne, die er gefunden hatte. Cuvier glaubte, dass sie zu einer neuen Tierart gehörten, einem Pflanzen fressenden Reptil. Mantell nannte es* Iguanodon.

In Südengland, Frankreich und Deutschland wurden im letzten Abschnitt des 19. Jahrhunderts weitere Fossilien gefunden. Mehrere neue Dinosaurierarten wurden beschrieben, unter ihnen der Prosauropode Thecodontosaurus, der Sauropode Cetiosaurus sowie der kleine Ornithopode Hypsilophodon. Man hatte zahlreiche einzelne Knochen gefunden, aber nur wenige vollständige Skelette. Das führte zu Fehlern bei den ersten Rekonstruktionen der unbekannten Tiere. Gideon Mantell hielt beispielsweise einen seltsamen, kegelförmigen Knochen, den er gefunden hatte, für das Horn eines Iguanodon. Die spektakuläre Entdeckung dutzender, fast vollständiger Skelette von Iguanodon 1878 in einer belgischen Kohlenmine bei Bernissart bewies jedoch, dass die „Hörner" in Wirklichkeit große Dornen waren, die an der Daumenspitze saßen.

Amerikanische Entdeckungen

Auf die Ausgrabungen in Europa folgten bald zahlreiche Funde in Nordamerika. Erzschürfern, die auf der Suche nach Gold, Kohle und anderen Mineralien waren, sowie Ingenieuren, die Brücken und Gleise bauten, gelangen im Westen der USA grandiose Entdeckungen. Diese Funde erregten schnell die Aufmerksamkeit der Wissenschaftler und viele Expeditionen starteten nun in die Ödländer von Colorado, Wyoming und Montana. Während in Europa nur selten vollständige Skelette entdeckt werden konnten, waren diese in den USA zahlreich. Die neuen Entdeckungen zeigten, dass die Dinosaurier weitaus spektakulärer waren, als es sich die Wissenschaftler vorzustellen wagten.

Die „Knochenkriege"

Edward Cope und Othniel Charles Marsh waren zwei Wissenschaftler, die im späten 19. Jahrhundert darin wetteiferten, den jeweils anderen bei der Entdeckung von Dinosaurierfossilien im amerikanischen Westen zu übertreffen. Zu Beginn ihrer Karriere noch Freunde, wurden sie bald zu Feinden.

Beide Wissenschaftler bezahlten Arbeitertrupps, die Fossilien suchten, im Kampf um die besten Funde aber auch oft handgreiflich wurden. Die wissenschaftlichen Auseinandersetzungen zwischen Cope und Marsh und die gewalttätigen Zusammenstöße ihrer Truppen

Leptoceratops *war einer von vielen Dinosauriern, die von dem amerikanischen Dinosaurierjäger Barnum Brown Anfang des 20. Jahrhunderts entdeckt und benannt wurden. Trotz seines Namens (Gesicht mit schmalem Horn) besaß* Leptoceratops *gar keine Hörner – er war ein Vertreter der Protoceratopsiden.* ▶

den als „Knochenkriege" bekannt. Die Rivalität zwischen ihnen führte zur Entdeckung vieler neuer Dinosaurierarten wie z. B. Diplodocus, Allosaurus oder Camarasaurus.

Das 20. Jahrhundert

Bis etwa um 1900 stammten fast alle Überreste von Dinosauriern aus Europa und Nordamerika, während in anderen Kontinenten nur wenige Arten gefunden wurden. Nachdem sich die Reise- und Kommunikationsmöglichkeiten Anfang des 20. Jahrhunderts verbessert hatten, begannen Wissenschaftler auch in entlegeneren Gebieten nach Fossilien zu suchen. Dass die Dinosaurier über die ganze Erde verbreitet gewesen waren, wurde klar, als auch in Afrika, Asien und Südamerika Überreste entdeckt wurden. Die beeindruckendsten Funde stammen aus Ostafrika, China, der Mongolei und Argentinien, wo auch jetzt noch neue Fossilien entdeckt werden. Heute erforscht man andere, neue Regionen und jüngste Entdeckungen zeigen, dass Dinosaurier einst auch im Gebiet der heutigen Antarktis lebten.

Das Comeback der Dinosaurier

Bis vor kurzer Zeit wurden Dinosaurier für träge Tiere gehalten, die sich nicht weiterentwickelt haben. Nachdem jedoch in den 1960er-Jahren kleine, flinke Dinosaurier mit großem Gehirn wie z. B. Deinonychus entdeckt wurden, änderten die Wissenschaftler ihre Meinung. Heute betrachten Wissenschaftler Dinosaurier als dynamische Tiere mit vielfältigen Verhaltensweisen – eine Sichtweise, die auch zu der Theorie passt, dass einige Dinosaurier die direkten Vorfahren der Vögel sind.

▲ *Der Brite Richard Owen untersuchte die ersten fossilen Skelette und prägte den Begriff „Dinosaurier". Er ließ Modelle von ihnen anfertigen, die sie als riesige, vierbeinige mammutartige Tiere zeigten.*

Wichtige Stationen der Dinosaurierforschung

600 v. Chr.	Bei zentralasiatischen Händlern kursieren Erzählungen von einem sagenhaften Greifen, die vermutlich nach dem Fund eines Protoceratops entstanden.
300	Chinesische Gelehrte berichten von „Drachenknochen".
1677	Robert Plot zeichnet den Oberschenkelknochen eines Megalosaurus.
1824	William Buckland gibt Megalosaurus den Namen – der erste, wissenschaftlich beschriebene Dinosaurier.
1825	Gideon Mantell benennt Iguanodon.
1842	Richard Owen prägt den Begriff „Dinosauria"
1850–1851	Modelle von Iguanodon, Megalosaurus und Hylaeosaurus werden auf der Weltausstellung in London gezeigt.
1856	In den USA werden die ersten Überreste eines Dinosauriers beschrieben.
1867	Thomas Henry Huxley vermutet als Erster, dass die Vögel direkte Nachfahren der Dinosaurier sind.
1877–1895	„Die Knochenkriege": Die Feindschaft zwischen Marsh und Cope führt im Westen Amerikas zur Entdeckung hunderter neuer Dinosaurierarten.
1878	Bergleute entdecken bei Bernissart, Belgien, dutzende Skelette von Iguanodon.
1920er-Jahre	Bei einer Reihe von Expeditionen des American Museum of Natural History in die Wüste Gobi werden die ersten Dinosaurier-Eier und viele neue Dinosaurier-Arten entdeckt.
1930er-Jahre	Der chinesische Wissenschaftler C. C. Young startet zu seinen zahlreichen Expeditionen, um in seinem Heimatland Dinosaurier auszugraben.
1969	John Ostrom von der Yale-Universität veröffentlicht eine Beschreibung von Deinonychus. Er löst damit einen radikalen Wandel aus. In der Wissenschaft und Öffentlichkeit werden die Dinosaurier nun anders wahrgenommen.
1970 bis heute	Immer mehr Beweise belegen, dass Dinosaurier tatsächlich die Vorfahren der Vögel sind. Weitere Untersuchungen verschiedener Dinosaurierarten zeigen, dass Dinosaurier aktive und komplexe Tiere waren.

Rekonstruktion

Ausgraben und Verpacken

Die beeindruckenden Dinosaurierskelette, die in Museen weltweit gezeigt werden, sind das Ergebnis sorgfältiger Arbeit von vielen Jahren. Für die Entdeckung, Ausgrabung, Reinigung und Untersuchung von Dinosaurierfossilien arbeiten große Teams engagierter Wissenschaftler und Handwerker zusammen. Wissenschaftler, die Dinosaurier und andere Fossilien erforschen, heißen Paläontologen. Für ihre Arbeit benötigen sie viele verschiedene Fähigkeiten, z. B. die eines Anatoms, Geologen, Steinbrechers oder Künstlers. Auf diese Weise können sie Erscheinungsbild, Verhalten und Lebensweise der Dinosaurier genau rekonstruieren.

Manche Dinosaurierfossilien werden in sehr hartem Fels gefunden. Dann müssen Presslufthammer, Planierraupe oder Sprengstoff eingesetzt werden, um die Knochen zu befreien. Solche Mittel können aber nur mit größter Sorgfalt angewandt werden, da sie die Fossilien leicht zerstören können und auch eine Gefahr für die Paläontologen bedeuten. ▼

Bei der Suche nach Dinosaurierfossilien müssen verschiedene Faktoren berücksichtigt werden. Dinosaurier kann man nur in Gesteinen finden, die während des Mesozoikums entstanden sind. Gesteine aus älteren oder jüngeren Formationen enthalten zwar andere Fossilien, aber keine Dinosaurier. Und Dinosaurier werden nur in Gesteinen aus Schiefer, Kalk- und Sandstein gefunden. Diese Gesteinsarten, auch Sedimentgestein genannt, werden aus Schichten von Ton, Lehm oder Sand gebildet, die einst verschüttet, dann zusammengepresst und hart geworden sind. Gesteine, die durch Vulkanausbrüche entstanden, oder solche, die durch Hitze und Druck stark verändert wurden, enthalten keine Dinosaurierfossilien. Und nur selten werden Überreste von Dinosauriern in Gesteinen entdeckt, die einst den Meeresgrund bildeten. Diese Faktoren begrenzen die Zahl möglicher Fundorte. Selbst wenn alle Bedingungen erfüllt sind, gehört zur Suche nach Dinosauriern auch Glück: Ein kleines, aus dem Boden ragendes Knochenstück, das zufällig bemerkt wurde, kann zur Entdeckung eines vollständigen Skeletts führen.

Nach Knochen graben

Nachdem ein Dinosaurierfossil entdeckt wurde, muss es vom umgebenden Fels befreit werden. Die Paläontologen beginnen mit Bürsten und Löffeln lockeres Gestein und Erde von dem Fossil zu entfernen. Die Freilegung der Knochen hängt davon ab, wie hart der Fels ist und in welchem Zustand sich die Knochen befinden. Oft sind sie sehr zerbrechlich, dann muss man sehr vorsichtig sein, um sie nicht zu zerstören.

Beim Ausgraben muss man ganz vorsichtig sein, da die Knochen oft sehr zerbrechlich sind. Ein großes Skelett auszugraben kann mitunter Monate dauern. ▶

Wissenschaftler bereiten ein Fossil für den Transport vor und wickeln es in eine „Gipsjacke" ein. Diese Jacken sind sehr hart und schützen das Fossil bei möglichen Unfällen. ▶▶

Liegen die Knochen in weichen Lehm- oder Tonschichten, können sie mit einer Kelle ausgekratzt oder mit Wasser freigespült werden. Bei hartem Gestein kann der Einsatz großer Hämmer und Bohrer notwendig werden, um den Fels mit dem Fossil herauszuschlagen. Manchmal muss sogar ein Presslufthammer oder Sprengstoff benutzt werden, um das Fossil aus dem umschließenden Fels zu befreien. Von der Lage der Knochen im Gestein fertigen die Paläontologen eine exakte Zeichnung an. Das ist sehr wichtig, wenn sie später versuchen das Dinosaurierskelett zusammenzusetzen.

Für den Transport sicher verpackt

Nachdem die Fossilien von der Felsoberfläche entfernt wurden, werden sie in Textil- oder Papierstreifen gewickelt, die mit Gips getränkt sind. Wenn der Gips getrocknet ist, sind die Fossilien von einem harten Gipsverband eingeschlossen (ähnlich dem Gipsverband, den der Arzt Patienten mit gebrochenen Armen oder Beinen anlegt). Wissenschaftler nennen diese Gipsverbände „Jacken". Die Jacken schützen die Fossilien während des Transports zu den Museumslabors, wo sie untersucht werden. Da viele Dinosaurierfossilien in weit abgelegenen Gegenden gefunden werden, müssen sie oft unter miserablen Bedingungen auf engen Pisten oder holprigen Straßen transportiert werden.

Rekonstruktion

Vor der Ausstellung

Nachdem die fossilen Dinosaurierknochen das Museumslabor erreicht haben, wird die Gipshülle mit Sägen und Scheren entfernt. Danach werden die Knochen vom übrigen Gestein befreit. Das kann eine äußerst mühsame Angelegenheit sein und Paläontologen benötigen oft mehrere Jahre, um ein einziges Dinosaurierskelett vollständig von Fels und Stein zu lösen. Diese Arbeit wird „Präparation" genannt. Wie Fossilien gereinigt werden, hängt von der Härte und der chemischen Zusammensetzung des jeweiligen Gesteins ab.

Wenn die Fossilien im Museumslabor eintreffen, sind sie noch von dickem Gestein umgeben. Die Abbildung zeigt einen Kalksteinblock, der das Skelett des kleinen Theropoden Pelecanimimus umschließt, von dem nur die Schnauzenspitze zu erkennen ist. ▼

Die Abbildung zeigt denselben Block nach der Präparation. Vom Skelett sind nun auch der restliche Schädel, der Hals und der Brustkorb zu sehen. ▼

Häufig werden gefundene Fossilien in großen Felsblöcken belassen, da der Fels den eingeschlossenen Fossilien beim Transport zusätzlichen Schutz bietet. Manchmal enthält das Gestein auch wichtige Informationen über die Biologie des Dinosauriers wie z. B. Überreste versteinerter Darminhalte oder Abdrücke der Haut. Nach der Untersuchung des Blocks werden zunächst große Teile, die keine Knochen oder anderes wichtiges Material enthalten, mit Steinsägen grob abgetrennt. Beim Entfernen des Gesteins direkt an den Knochen muss man natürlich sehr viel vorsichtiger vorgehen. Für diese Feinarbeit werden Nadeln und kleine Zahnarztinstrumente eingesetzt. Diese Werkzeuge bestehen aus sehr hartem Metall wie Stahl und Wolfram. Damit wird das Gestein körnchenweise vom fossilen Knochen abgetragen. Manchmal werden auch Sandstrahlgeräte eingesetzt, um Gestein vom Knochen zu blasen. Diese Geräte arbeiten mit Pressluft und blasen winzige Kügelchen eines sehr harten Materials (z. B. kleine Sandkörner) auf das Gestein.

Säurebäder

Bestimmte Gesteinsarten wie Kalkstein lösen sich in Säuren auf. In diesen Fällen tauchen Wissenschaftler Gesteinsblöcke, die fossile Knochen enthalten, in Bäder mit einer schwachen Säure. Meist wird hierfür Essigsäure benutzt, die dem Essig seinen strengen Geruch und Geschmack verleiht. Die Säure löst das Gestein langsam auf und legt die enthaltenen Knochen frei. Dieser Vorgang muss sehr vorsichtig durchgeführt werden, damit sich nicht auch die Knochen auflösen. Um das zu vermeiden, wird der Block immer wieder aus dem Bad gehoben und die bereits freigelegten Knochenteile werden mit einer Speziallösung bestrichen, die sie vor der Säure schützt.

Die nächsten Schritte

Wenn die Knochen vollständig vom Gestein befreit sind, werden sie wieder zusammengesetzt. Das gleicht dem Versuch, ein riesiges dreidimensionales Puzzle zu lösen! Es werden Spezialleime benutzt, die keine schädlichen Stoffe enthalten. Häufig sind die Knochen auch sehr zerbrechlich und drohen durch falsche Handhabung, durch Chemikalien in den Lager- und Ausstellungsräumen oder sogar durch wechselnde Temperaturen Schaden zu nehmen. Sie werden deshalb mit schützenden Stoffen behandelt, um Beeinträchtigungen vorzubeugen.

Aufbau einer Ausstellung

Faszinierend und naturgetreu sollen die Dinosaurier im Museum den Besuchern anschaulich präsentiert werden. Deshalb werden die Skelette in lebensechter Haltung aufgebaut. Die Besucher können sich so leichter vorstellen, wie Dinosaurier aussahen und lebten. Besondere Metallrahmen müssen gebaut werden, welche die schweren fossilen Knochen tragen und sie in der richtigen Position halten. Künstler, die eng mit den Paläontologen zusammenarbeiten, entwerfen Kulissen mit Landschaften des Mesozoikums, die zu den jeweiligen Dinosauriern passen.

Hier kann man Dinosaurier sehen

Museen in vielen Ländern haben ausgezeichnete Ausstellungen über Dinosaurier. Einige der größten Ausstellungen sind hier aufgeführt.

Australien
Queensland Museum, South Brisbane
Victoria Museum, Melbourne
Deutschland
Humboldt-Museum für Naturkunde, Berlin
Staatliches Museum für Naturkunde, Karlsruhe
Frankreich
Musée de Histoire Naturelles, Paris
Musée des Dinosaures, Espéraza
Großbritannien
The Natural History Museum, London
University Museum of Natural History, Oxford
Sedgwick Museum of Earth Sciences, University of Cambridge
Bristol City Museum and Art Gallery
Isle of Wight Museum of Geology
Leicester City Museum
Japan
National Science Museum, Tokio
Gunma Museum of Natural History, Tomioka

Kanada
Royal Ontario Museum, Toronto
Tyrell Museum, Drumheller
Polen
Institute of Paleobiology, Warschau
Russland
Paleontological Institute, Moskau
Spanien
Museo Nacional de Ciencias Naturales, Madrid
USA
American Museum of Natural History, New York
National Museum of Natural History, Washington D. C.
Carnegie Museum of Natural History, Pittsburgh
Peabody Museum, Yale University
Field Museum of Natural History, Chicago
Utah University Museum of Natural History, Salt Lake City
University of California Museum of Paleontology, Berkeley

▲ *In verdünnten Säurebädern können bestimmte Gesteinsarten von fossilen Knochen abgelöst werden.*

Spektakuläre Rekonstruktionen von Dinosauriern in den Museen sind das Ergebnis vieler Jahre harter Arbeit. ▼

Wie sie lebten

Biologie und Verhalten

Wie Detektive versuchen Paläontologen mit den wenigen vorhandenen Beweisen das Erscheinungsbild der Dinosaurier zu erforschen und ihre Lebensweise zu rekonstruieren. Meist bestehen die Überreste eines Dinosauriers nur aus seinen Knochen und Zähnen. Andere Fossilien wie Fußspuren und Hautabdrücke sind wertvolle Quellen, die zusätzliche Informationen liefern. Doch viele Aspekte aus dem Leben der Dinosaurier werden wohl für immer ein Rätsel bleiben, weil so viele Körperteile dieser Tiere nicht als Fossilien erhalten sind und ihre Lebensweise nur erschlossen werden kann.

Paläontologen, die Dinosaurier oder andere ausgestorbene Tiere erforschen, müssen gründliche Kenntnisse über Biologie und Natur lebender Tiere besitzen. Nur wenn sie wissen, wie Muskeln, Organe und Knochen lebender Tiere zusammenwirken, können sie Skelett und Weichteile aus fossilen Überresten rekonstruieren. Vögel, Krokodile und Echsen sind die lebenden Verwandten der Dinosaurier und weisen in vielen wichtigen Einzelheiten auf die Biologie der Dinosaurier hin.

Warm- oder Kaltblüter?

Warmblüter – Vögel und Säugetiere – nutzen ihre Nahrung als Brennstoff, um ihre Körpertemperatur unabhängig von der Temperatur der Umgebung gleich hoch zu halten. Die Körpertemperatur kaltblütiger Tiere wie Fische, Reptilien und Amphibien hängt dagegen von der Umgebungstemperatur ab und kann im Laufe eines Tages enorm schwanken. Bei heißem und sonnigem Wetter sind diese Tiere warm und aktiv. Bei Kälte und Wolken kühlen sie jedoch ab und werden träge. Die Aktivitäten kaltblütiger Tiere hängen also stark vom Wetter ab. Warmblütige Tiere dagegen können immer aktiv sein, weil sie ihre Körpertemperatur selbst regulieren. Sie besitzen häufig auch größere Gehirne. Um die Verhaltensweisen der Dinosaurier richtig zu rekonstruieren, wäre es wichtig zu wissen, ob sie kalt- oder warmblütig gewesen sind. Bis heute ist diese Frage nicht eindeutig geklärt. Das riesige Ausmaß einiger Dinosaurier lässt vermuten, dass sie eine gleich hohe

Wissenschaftler rekonstruieren Muskeln und Organe der Dinosaurier aus Fossilien und ihrer Kenntnis heute lebender Reptilien und Vögel. Merkmale wie die Hautfarbe kann man jedoch nicht von Fossilien ableiten. ▶

Körpertemperatur hatten, weil große Objekte Wärme wesentlich leichter speichern können als diese abzugeben. Große Dinosaurier könnten sich leichter erwärmt haben, weil sie mehr Wärme – Sonnenwärme und Wärme, die der Körper während der Verdauung und der Bewegung produzierte – aufnahmen, als sie über ihre Hautoberfläche verloren.

Aus dem Verhalten großer Vögel wie diesem Kasuar kann man das Verhalten einiger Dinosaurier erschließen. Die Vögel stammen direkt von den Dinosauriern ab und viele ihrer heutigen Verhaltensweisen besaßen wahrscheinlich auch schon ihre Vorfahren, die Dinosaurier. ▶

Viele kleine Dinosaurier waren schnelle Läufer und einige der kleinen Theropoden wie Troodon besaßen sehr große Gehirne.

Versteinertes Herz

Die Entdeckung des versteinerten Herzens eines kleinen Thescelosaurus (Wundervolle Echse) zeigte, dass Dinosaurierherzen Blut mit hohem Druck durch den Körper pumpen konnten, wie dies auch bei den heute lebenden, warmblütigen Tieren der Fall ist. Andere Wissenschaftler dagegen betonen, dass Dinosaurier zu den Reptilien gehören und dass alle lebenden Reptilien Kaltblüter sind. Die Diskussion ist also noch nicht beendet.

Federn, Haut und Farben

Aus versteinerten Hautabdrücken wissen wir, dass Dinosaurier eine Schuppenhaut wie Reptilien besaßen. Wenige, gut erhaltene Fossilien zeigen, dass manche Dinosaurier auch ein Kleid aus flaumigen Daunen oder sogar aus Federn hatten. Die spektakulärsten Fossilien stammen von einem kleinen Theropoden aus der Unterkreide in China. Überreste von Sinosauropteryx zeigen kleine, daunenartige Strukturen, die am Rücken verlaufen. Protarchaeopteryx besitzt am Schwanzende einen kleinen Fächer aus Federn. Das Vorhandensein von Federn überrascht bei diesen Dinosauriern nicht allzu sehr, da ihr Skelett weitere Merkmale zeigt, die auf enge Verwandtschaft mit den Vögeln verweist. Auch wenn Federn und Hautabdrücke gelegentlich als Fossilien erhalten sind, überstand die ursprüngliche Hautfarbe den Versteinerungsprozess nicht. Bei Rekonstruktionen von Dinosauriern wird auf die Farben heute lebender Echsen, Krokodile, Vögel oder großer Säugetiere zurückgegriffen.

▲ *Diese Hautabdrücke eines Corythosaurusfossils zeigen ein kompliziertes Muster kleiner Knochenplatten. Leider ist die ursprüngliche Farbe nicht erhalten.*

Wie sie lebten

Ein Quetzalcoatluspaar wird durch die Ankunft eines hungrigen Tyrannosaurus aufgeschreckt. Diese gigantischen Pterosaurier ernährten sich wahrscheinlich von toten Dinosauriern.

Geburt eines Dinosauriers

Eier und Nester

E ier und Nester von Dinosauriern wurden erstmals in den 1920ern bei Expeditionen des American Museum of Natural History in der mongolischen Wüste Gobi entdeckt. Sie gewährten Einblick, wie Dinosaurier ihre Jungen großzogen und für sie sorgten. Eine Anzahl jüngerer Entdeckungen im Westen der USA sowie in der Mongolei, darunter ungeborene und frisch geschlüpfte Tiere, haben unser Wissen über die Geburt von Dinosauriern deutlich verbessert. Sorgfältige Untersuchungen dieser wertvollen Fossilien zeigten, dass sich Dinosaurier in ihrem Nistverhalten kaum von dem heute lebender Vögel unterschieden.

Wissenschaftler vom American Museum of Natural History entdeckten ein Ei von Oviraptor, *das gut erhaltene Überreste eines ungeborenen Jungen enthielt. Die Zeichnung rekonstruiert, wie der Embryo unmittelbar vor dem Schlüpfen ausgesehen haben könnte.* ▼

Dinosauriereier gibt es in unterschiedlichen Größen und Formen. Einige Eier sind kreisrund und so groß wie ein Tennisball, während andere oval und bis zu 40 cm lang sind. Das scheint sehr groß zu sein. Doch selbst diese Eier sind immer noch etwas kleiner als die großer Vögel wie des ausgestorbenen Elefantenvogels von Madagaskar.

Das ist sonderbar, wenn man bedenkt, dass viele Dinosaurier wesentlich größer als diese gigantischen Vögel waren. Doch die Größe von Eiern ist begrenzt. Die Eierschalen von Dinosauriern, Vögeln und Reptilien besitzen viele winzige Löcher, die Poren, damit lebenswichtiger Sauerstoff in das Ei gelangen kann. Die maximale Größe von Eiern wird dadurch bestimmt, wie gut Sauerstoff in das Ei hineinströmen kann. Wäre das Ei zu groß, könnte der Sauerstoff nicht schnell genug in das Ei eindringen, um das Wachstum des Embryos zu unterstützen.

Eier legen

Aktuelle Funde lassen vermuten, dass alle Dinosaurier Eier legten und dass sie diese in Nester legten. Die kleinen Theropoden Oviraptor und Troodon legten etwa 22 Eier in ein einziges Nest, der Entenschnabelsaurier Maiasaura bis zu 25. Troodon scheint seine Eier paarweise abgelegt zu haben. Er benötigte wahrscheinlich mehrere Stunden, bis das gesamte Gelege abgelegt war. Im Gegensatz dazu scheint Maiasaura die Eier spiralförmig angeordnet zu haben.

Maiasaura begann auf einer Seite des Nestes und fuhr kreisförmig fort, bis alle Eier im Nest lagen.

Nester und Nistkolonien

Die Nester von Troodon und Maiasaura waren sehr unterschiedlich. Nester von Troodon waren einfache Vertiefungen, die wie eine Schüssel aussahen und durch das Ausheben einer flachen Mulde entstanden. Maiasaura schuf dagegen beeindruckende Nester. Sie bestanden aus einem bis zu 2 m breiten Erdhaufen. Die Eier wurden in einer flachen Mulde oben auf dem Erdhaufen abgelegt und mit Pflanzenmaterial bedeckt. Das Laub polsterte die Eier und hielt sie warm – Maiasaura war viel zu groß, um auf dem Gelege zu sitzen! Einige heute lebende Vögel wie das Buschhuhn und auch Krokodile bauen ähnliche Nester. Genaue Untersuchungen der Nester von Maiasaura zeigten, dass diese aus mehreren Schichten Lehm und Pflanzenteilen bestanden, die übereinander lagen. Vermutlich wurden die Nester alljährlich wieder benutzt.

Egg Mountain

Die meisten Informationen über Dinosauriereier und Dinosauriernester stammen von einem spektakulären Platz in Montana, USA, der Egg Mountain genannt wird. In diesem Gebiet befinden sich einige dutzend Nester. Untersuchungen der Gesteinsart von Egg Mountain zeigten, dass diese Gegend während der Oberkreide eine Insel in einem flachen See bildete. Die Nester liegen sehr dicht nebeneinander und sind nur wenige Meter voneinander getrennt, gerade so weit, dass sich die Maiasaura dazwischen bewegen konnten, ohne auf ihre Gelege zu treten. Diese Nistkolonien waren wohl laute, übel riechende und überlaufene Plätze! Durch das enge Zusammenleben konnten die Maiasaura ihre Jungen besser beschützen. Das seichte Wasser um die Insel bot zusätzlichen Schutz vor Raubsauriern.

▲ *Dieses fossile Ei enthält die Überreste eines ungeborenen Troodon. Wenn du genau hinsiehst, kannst du mehrere dünne Beinknochen erkennen.*

◀ *Dieses Troodon-Nest in Gestein aus der Oberkreide wurde in Montana, USA, entdeckt. Die Eier sind in aufrechter Position erhalten. Vermutlich wurden sie beim Legen in Erde eingebettet.*

◀ *Dinosauriereier kommen nicht sehr häufig vor, sind jedoch in bestimmten Regionen Chinas, der USA, Argentiniens und Spaniens verbreitet. Meist ist es sehr schwierig zu entscheiden, von welcher Dinosaurierart ein Ei stammt. Nur Eier, die fossile Embryos enthalten, können sicher identifiziert werden. Beachte die gefurchte Oberfläche der Eier. Dadurch wurden die Poren von Verschmutzung freigehalten und Gase wie Sauerstoff konnten in das Ei hinein- und wieder hinausgelangen.*

Geburt eines Dinosauriers

Maiasaura bringt der schnell wachsenden Brut saftige Pflanzen ans Nest. Die Jungtiere

| Geburt eines Dinosauriers | # Brutpflege |

In einigen Fällen hatten Forscher das Glück, Überreste von Embryonen in Dinosauriereiern zu entdecken. Bis heute sind Embryonen der Theropoden Troodon, Oviraptor und Therizinosaurus, des Ornithopoden Maiasaura sowie eines Sauropoden aus Südamerika bekannt, der noch keinen Namen erhalten hat. Eine Reihe von Skeletten junger Baby-Dinosaurier wurde ebenfalls gefunden. Diese Fossilien liefern wichtige Informationen darüber, wie Dinosaurier aufwuchsen, sich entwickelten und die Elterntiere sich um ihren Nachwuchs sorgten.

Mussaurus (Mausechse) war ein Prosauropode, der in der Oberen Trias auf dem Gebiet des heutigen Argentiniens lebte. Alle bekannten Überreste von Mussaurus stammen von Jungtieren. Die Skelette sind so klein, dass sie leicht in eine Handfläche passen! Die Größe ausgewachsener Tiere ist bis jetzt unbekannt, aber sie wurden wahrscheinlich 5–6 m lang. ▼

Elterliche Fürsorge

Untersuchungen der dünnen Knochen von Maiasaura zeigten, dass die Beinknochen zum Zeitpunkt des Schlüpfens nicht vollständig entwickelt waren. Die Beine waren noch recht schwach und die frisch geschlüpften Jungen konnten wohl weder laufen noch gehen. Daher waren die Jungen in ihren ersten Wochen ans Nest gebunden. Diese Theorie wird durch zahlreiche Bruchstücke zertretener Eierschalen in den Nestern bestätigt. Hätten die Jungen ihr Nest kurz nach dem Schlüpfen verlassen können, wären vermutlich nicht so viele Eierschalen zerbrochen.

Während sie ans Nest gefesselt waren, mussten die Eltern ihnen Nahrung und Wasser bringen und sie beschützen. Frisch geschlüpfte Maiasaura waren etwa 30 cm groß. Sie wuchsen jedoch sehr rasch und waren schon nach wenigen Wochen 1,5 m groß. Ab diesem Zeitpunkt waren sie groß und stark genug, um ihr Nest zu verlassen und sich der Herde anzuschließen.

Selbstversorgung

Im Gegensatz zur intensiven elterlichen Fürsorge von Maiasaura waren die Jungen von Troodon, nachdem sie geschlüpft waren, sich selbst überlassen. Auch die Nester von Troodon enthielten häufig Überreste geschlüpfter Eier. Diesen Eiern fehlte zwar der obere Teil (der beim Schlüpfen vom Jungtier aufgebrochen wurde), sie waren jedoch nicht zertreten. Daher vermutet man, dass die Jungen nach dem Schlüpfen nicht sehr lange im Nest blieben. Die Beinknochen junger Troodonten waren gut entwickelt und stark. So konnten die Jungen alsbald das Nest verlassen und selbst auf Nahrungssuche gehen. Wahrscheinlich fraßen diese kleinen Raubsaurier Insekten und andere kleine Tiere. Sie waren jedoch selbst ständig der Gefahr ausgesetzt, von größeren Fleischfressern wie Theropoden und Waranen angegriffen zu werden.

Ein brütender Dinosaurier

In der Wüste Gobi hatte man zahlreiche Skelette des kleinen Pflanzenfressers Protoceratops gefunden. Daher wurden

Eier und Nester von Dinosauriern, die in den 1920er-Jahren ebenfalls dort entdeckt wurden, Protoceratops zugerechnet. Bei diesen Expeditionen wurde auch das Skelett eines absonderlichen Theropoden entdeckt, das dicht an einem der Nester lag. Dieses Tier starb, so glaubte man, bei dem Versuch, Eier aus dem fremden Nest zu rauben. Es wurde deshalb Oviraptor (Eierdieb) genannt. Bei Feldarbeiten in der Wüste Gobi wurden jedoch kürzlich weitere Dinosauriernester entdeckt und auf einigen fand man das Skelett eines Oviraptors. Es schien, als wäre Oviraptor auf dem Nest gesessen, und man vermutete nun, dass die Nester doch eher zu Oviraptor als zu Protoceratops gehörten. Die Vermutung erwies sich als richtig, nachdem ein Ei gefunden worden war, das einen ungeborenen Oviraptor enthielt. Offenbar war Oviraptor doch nicht der verwegene Eierdieb, für den man ihn einmal hielt, sondern hat sich lediglich um seine eigene Brut gesorgt und sein Gelege wie ein Vogel ausgebrütet. Dieses Beispiel zeigt eindrucksvoll, wie neuere Entdeckungen lange gehegte Ansichten über Biologie und Entwicklung von Dinosauriern widerlegen können.

Diese Rekonstruktion zeigt ein Nest des Entenschnabelsauriers Maiasaura. **Es enthält Skelette von mehreren frisch geschlüpften Tieren. Versteinerte Blätter, Früchte und Samen, die im Nest gefunden wurden, belegen, dass die Elterntiere ihre Jungen mit Nahrung versorgten.** ▼

Angriff und Verteidigung

Jagen und Erlegen

Viele unterschiedliche Dinosaurierarten lebten eng nebeneinander und sie teilten ihren Lebensraum auch mit den anderen Tieren jener Zeit. Um zu überleben, waren Fleischfresser wie Tyrannosaurus und Allosaurus darauf angewiesen, Beutetiere anzugreifen und zu erlegen. Pflanzenfresser wie Triceratops und Iguanodon benötigten vorzügliche Verteidigungswaffen, um sich gegen Angriffe der Raubsaurier zu wehren. Innerhalb derselben Art wurde vermutlich miteinander um Weibchen, Nahrung, Reviere oder Führung einer Herde gekämpft. Um all die Anforderungen im Überlebenskampf erfüllen zu können, besaßen die Dinosaurier vielfältige Waffen für den Angriff und die Verteidigung.

Die wirkungsvollsten Waffen der Raubsaurier, vom gewaltigen Tyrannosaurus bis zum winzigen Compsognathus, waren ihre Mäuler mit Reihen dolchförmiger Zähne sowie ihre Hände und Füße, an denen rasierklingenscharfe Krallen saßen. säumten die Zahnkanten und sorgten für ein problemloses Durchschneiden des Fleisches. Die Zähne von Tyrannosaurus waren ca. 30 cm lang und so stark, dass er Knochen durchbeißen und zermalmen konnte. Andere Theropoden wie Baryonyx besaßen Zähne wie die heutigen Krokodile, die besonders geeignet sind glitschige Beute wie Fische zu packen.

Krallen

Alle Theropoden besaßen an ihren Händen und Füßen gekrümmte, hakenähnliche Krallen. Jede Kralle war sehr spitz und bestens geeignet sich in das Fleisch der bedauernswerten Opfer zu bohren. Zu Lebzeiten bedeckte eine Scheide aus hornartiger Substanz, dem Keratin – das gleiche Material, aus dem unsere Haare und Fingernägel bestehen –, die knöchernen Krallen. Wenn diese Hornscheide abgenutzt war, entstand eine scharfe Kante, die als hoch wirksame Waffe zum Schneiden und Aufschlitzen diente. Allerdings erneuerte sich die Hornscheide von Zeit zu Zeit. Durch die gekrümmte Form der Krallen, die denen heute lebender Raubvögel wie Adler und Falken glich, konnten sie ihre Beute während des Fressens am Boden

▲ *Der Schädel eines Albertosaurus zeigt mehrere Merkmale von Raubtieren, die alle Theropoden besitzen. In den Kiefern stecken große, gekrümmte und fein gezackte Zähne. In den großen Schädelhöhlen können kräftige Kiefermuskeln ansetzen und der Schädel ist sehr robust gebaut.*

Zähne

Die Zähne der meisten Theropoden waren spitz und stark gekrümmt, mit denen sie leicht ins Fleisch der Beutetiere eindringen und sie festhalten konnten. Winzige sägeartige Zacken wie bei einem Steakmesser

festhalten. Einige Krallen waren gewaltig. Die von Baryonyx z. B. konnten bis zu 30 cm lang werden! Andere Dinosaurier besaßen zwar kleinere Krallen, die aber dennoch oft tödliche Waffen bildeten.

Wie ein Schnappmesser

Mehrere kleine Theropoden wie Troodon und Deinonychus besaßen besondere Krallen an ihren Füßen, die sie wie ein Schnappmesser einsetzen konnten. Dank eines besonders beweglichen Zehs berührte diese Kralle nicht den Boden, während sie liefen oder gingen. Sobald sie aber angriffen, schnellte die Kralle blitzartig herunter. Diese Bewegung führten sie meist während eines Sprunges oder Trittes aus und damit konnte jedes getroffene Tier schwer verletzt werden.

Jagen im Rudel

Zähne von Deinonychus wurden oft neben Skeletten von Tenontosaurus gefunden, einem großen Pflanzenfresser. Untersuchungen der Zähne zeigten, dass sie von mehreren Einzeltieren stammten. Zudem wurden häufig mehrere Skelette von Deinonychus an einem Ort entdeckt, was darauf hinwies, dass der kleine, aber gefürchtete Raubsaurier in Gruppen lebte. Aus diesen beiden Beobachtungen schloss man, dass Deinonychus wohl im Rudel jagte und auch viel größere Tiere als er selbst angriff und erlegte. Das Gehirn von Deinonychus ist für einen Dinosaurier mit einem so kleinen Körper erstaunlich groß. Wahrscheinlich konnte er deshalb sein Jagdverhalten und seine Jagdstrategie mit seinen Artgenossen im Rudel abstimmen.

Die Rekonstruktion zeigt den kleinen Theropoden Saurornitholestes, *der den viel größeren Entenschnabelsaurier* Lambeosaurus *angreift. Kleine Theropoden griffen eigentlich nur kleine Tiere wie Echsen und Säugetiere an. Doch Saurier wie* Saurornitholestes, *die im Rudel jagten, konnten gemeinsam viel größere Beutetiere erlegen.* ▼

Angriff und Verteidigung

Ein Tyrannosaurus greift den gepanzerten Edmontonia an. Dieser war zwar viel kleiner, doch schützten ihn seine knöchernen Platten und Stacheln, die in seine Haut eingebettet waren.

| Angriff und Verteidigung | # Waffen und Panzerung |

Platten und Schwanzdorne waren bei Stegosaurus *in die Haut eingebettet. Die beiden paarigen Schwanzdorne sind unten zu sehen. Sie waren wahrscheinlich mit einer Hornscheide bedeckt.* ▼

Der Schädel von Ankylosaurus *war vollständig von dicken Knochenplatten umgeben. Ähnliche Platten bedeckten auch den restlichen Körper und bildeten eine dichte Panzerung.* Euoplocephalus, *ein enger Verwandter von* Ankylosaurus, *besaß sogar knöcherne Augenlider!* ▼

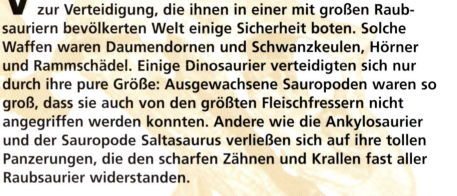

Viele herbivore Dinosaurier besaßen beeindruckende Waffen zur Verteidigung, die ihnen in einer mit großen Raubsauriern bevölkerten Welt einige Sicherheit boten. Solche Waffen waren Daumendornen und Schwanzkeulen, Hörner und Rammschädel. Einige Dinosaurier verteidigten sich nur durch ihre pure Größe: Ausgewachsene Sauropoden waren so groß, dass sie auch von den größten Fleischfressern nicht angegriffen werden konnten. Andere wie die Ankylosaurier und der Sauropode Saltasaurus verließen sich auf ihre tollen Panzerungen, die den scharfen Zähnen und Krallen fast aller Raubsaurier widerstanden.

Stegosaurus besaß an seinem Schwanzende zwei riesige Dornenpaare, die bis zu 60 cm lang werden konnten. Ein Schlag mit dieser Waffe konnte einen angreifenden Theropoden schwer verletzen. Einige Ankylosaurier hatten eine ähnliche Taktik und schwangen ihre massive Schwanzkeule, die aus festem Knochen bestand. Manche Sauropoden wie der chinesische Omeisaurus besaßen ebenfalls Schwanzkeulen. Auch die dickhäutigen, schweren Schwänze großer Ornithopoden wie Iguanodon und Parasaurolophus und großer Sauropoden boten guten Schutz. Ein gezielter Schlag mit einem solchen Schwanz konnte einen Angreifer zu Boden werfen. Andere Sauropoden wie Diplodocus und Apatosaurus besaßen lange, peitschenartige Schwänze, mit denen kräftige Hiebe ausgeteilt werden konnten.

Hörner und Halskrausen

Auch die Hörner der Ceratopsier waren schreckliche Waffen. Die Anordnung und Zahl der Hörner unterschied sich bei den einzelnen Arten. Triceratops z. B. hatte ein kurzes Horn auf der Nasenspitze und lange Hörner über den Augenbrauen, während Monoclonius nur ein einziges Horn auf seiner Nase besaß. Zu Lebzeiten waren die Hörner mit einer Hornscheide aus Keratin bedeckt. Eine große Knochenkrause schützte den Nacken vor Raubsauriern.

Andere Verteidigungsarten

Vielen Pflanzenfressern fehlten solche beeindruckenden Waffen und sie waren auf andere Fähigkeiten angewiesen, um ihren Angreifern zu entkommen. Einige dieser Dinosaurier besaßen schärfere Sinnesorgane wie beispielsweise ein sehr gutes Sehvermögen, sodass sie Angreifer schon in großer Entfernung erkennen konnten und ausreichend Zeit zur Flucht hatten. Viele kleine Ornithopoden wie Hypsilophodon mit seinen langen Hinterbeinen entkamen auf Grund ihrer großen Schnelligkeit. Einige Dinosaurier wie der Entenschnabelsaurier Maiasaura und der Hornsaurier Chasmosaurus lebten in großen Herden, die einigen Schutz vor Angriffen boten. Außerdem konnten wahrscheinlich viele Dinosaurier ihre Hautfarbe ändern und sich ihrer Umgebung anpassen, um sich so vor Raubsauriern zu verbergen.

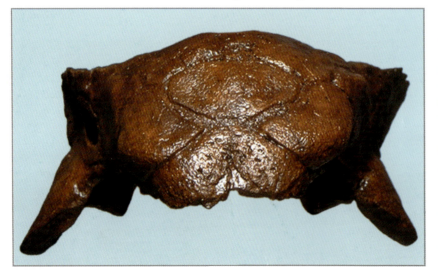

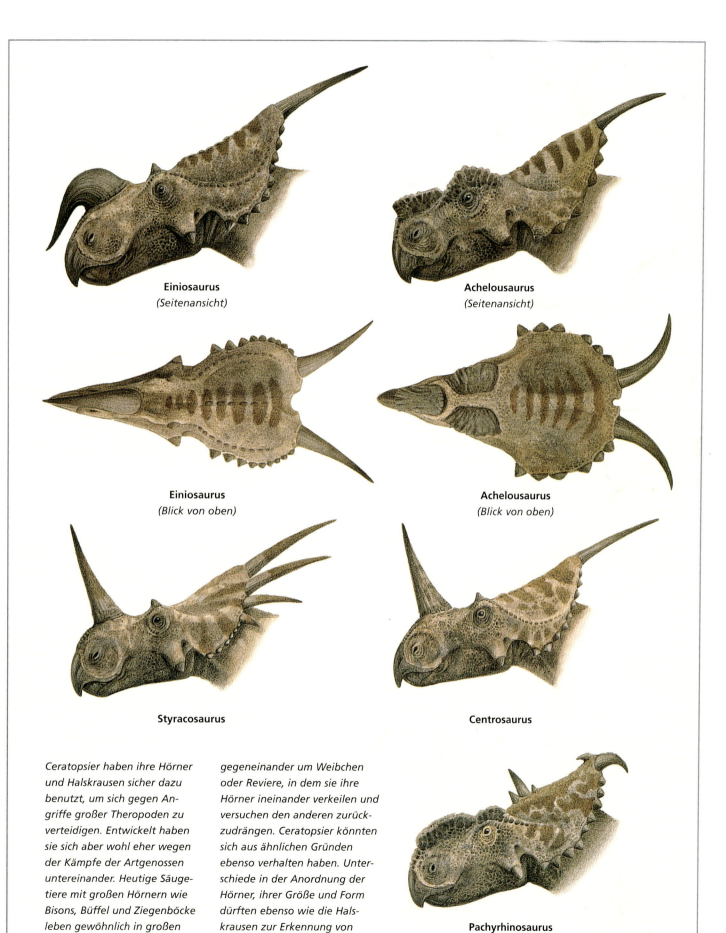

Einiosaurus
(Seitenansicht)

Achelousaurus
(Seitenansicht)

Einiosaurus
(Blick von oben)

Achelousaurus
(Blick von oben)

Styracosaurus

Centrosaurus

Pachyrhinosaurus

Ceratopsier haben ihre Hörner und Halskrausen sicher dazu benutzt, um sich gegen Angriffe großer Theropoden zu verteidigen. Entwickelt haben sie sich aber wohl eher wegen der Kämpfe der Artgenossen untereinander. Heutige Säugetiere mit großen Hörnern wie Bisons, Büffel und Ziegenböcke leben gewöhnlich in großen Herden. Diese Tiere kämpfen gegeneinander um Weibchen oder Reviere, in dem sie ihre Hörner ineinander verkeilen und versuchen den anderen zurückzudrängen. Ceratopsier könnten sich aus ähnlichen Gründen ebenso verhalten haben. Unterschiede in der Anordnung der Hörner, ihrer Größe und Form dürften ebenso wie die Halskrausen zur Erkennung von Artgenossen gedient haben.

Was Dinosaurier fraßen

Die Nahrung

Zu wissen, wovon sich ein Tier ernährt, ist sehr wichtig. Die Nahrung bestimmt beinahe die gesamte Lebensweise eines Tieres, unter anderem das Verhalten und den Lebensraum. Bei Tieren unterscheidet man Herbivoren (Pflanzenfresser), Karnivoren (Fleischfresser) und Omnivoren (sie fressen Fleisch und Pflanzen).

Sicher und unmittelbar nachzuweisen, wovon sich Dinosaurier ernährten, ist nur schwer möglich. Nur in seltenen Fällen wurden Reste der letzten Mahlzeit eines Dinosauriers bei seinem Skelett gefunden. Wir wissen heute, dass sich der Theropode Coelophysis gelegentlich kannibalisch verhielt, weil man kleine Knochen junger Coelophysiden in Skeletten ausgewachsener Tiere gefunden hat. Ein anderer kleiner Theropode, Compsognathus, wurde mit Überresten einer kleinen Echse in seinem Brustkorb gefunden, die sich nahe an der Stelle befanden, wo sich einst der Magen befand. Vom Entenschnabelsaurier Edmontosaurus gibt es ebenfalls einen Magenfund, der Teile von Baumrinden, Kiefernadeln sowie Tannenzapfen enthält.

Koprolithen

Untersuchungen von versteinerten Konkrementen (Kot von Tieren), den Koprolithen, liefern einen direkten Nachweis der Nahrung. Koprolithen enthalten Teile von Tieren oder Pflanzen, die ein Dinosaurier gefressen hatte. Leider wurden nur in wenigen Fällen Koprolithen unmittelbar bei einem Dinosaurierskelett entdeckt, sodass man sie einer bestimmten Dinosaurierart zuordnen konnte. Eine Expedition des American Museum of Natural History entdeckte 1991 in der mongolischen Wüste Gobi solch einen Fund. Der Koprolith in einem Theropoden, ein Dromaeosauride, der Velociraptor ähnelt, enthielt Reste eines kleinen echsenartigen Tieres.

Viele Koprolithen wurden entdeckt, die keiner bestimmten Dinosaurierart zugeordnet werden konnten. Einige große Koprolithen aus der Oberkreide in Nordamerika enthielten verschiedene Pflanzenstücke. Wissenschaftler vermuten, dass sie von Hadrosauriern produziert wurden, den zu dieser Zeit weit verbreiteten Entenschnabelsauriern. Andere Koprolithen aus

Koprolithen in allen Formen und Größen wurden in vielen Ländern der Welt entdeckt. Einige Koprolithen sind nur wenige Millimeter groß, während andere über 30 cm lang sind. ▼

Wer fraß was?

Die Einteilung der Dinosaurier in Pflanzen- oder Fleischfresser wird oft unterschiedlich dargestellt. In diesem Buch wurde sie so vorgenommen:

Herbivoren

Ankylosaurus	Maiasaura
Apatosaurus	Ouranosaurus
Aragosaurus	Pachycephalosaurus
Brachiosaurus	Pachyrhinosaurus
Camarasaurus	Parasaurolophus
Camptosaurus	Patagosaurus
Chasmosaurus	Plateosaurus
Corythosaurus	Protoceratops
Diplodocus	Psittacosaurus
Hylaeosaurus	Saltasaurus
Hypsilophodon	Scelidosaurus
Iguanodon	Stegosaurus
Kentrosaurus	Styracosaurus
Lambeosaurus	Tenontosaurus
Lesothosaurus	Triceratops

Karnivoren

Allosaurus	Compsognathus
Archaeopteryx	Deinonychus
Baptornis	Dilophosaurus
Baryonyx	Eoraptor
Carcharodonto-	Herrerasaurus
saurus	Iberomesornis
Carnotaurus	Troodon
Ceratosaurus	Tyrannosaurus
Coelophysis	Velociraptor

Omnivoren

Oviraptor	Struthiomimus
Pelecanimimus	Therizinosaurus

derselben Gegend enthielten Knochenstücke, die von karnivoren Dinosauriern stammten. Ein jüngster Fund, ein gewaltiger, über 40 cm langer Koprolith enthielt zermalmte Knochen und wurde Tyrannosaurus zugerechnet.

Indirekte Methoden

Meist sind Wissenschaftler auf indirekte Nachweise angewiesen, um mehr über die Nahrung von Dinosauriern zu erfahren. Bei der gebräuchlichsten Methode wird die Form der Zähne beurteilt und wie beweglich die Kiefer waren, um Nahrung zu kauen. Untersuchungen heute lebender Tiere zeigten, dass es einen Zusammenhang zwischen einer bestimmten Nahrung wie z. B. Pflanzen und bestimmten Zahnformen gibt. Daraus kann man folgern, was Dinosaurier fraßen. Wie Wissenschaftler diese Informationen nutzen, wird auf den folgenden Seiten dargestellt.

▲ *Der Brustkorb dieses ausgewachsenen* Coelophysis *enthält viele winzige Knochen seiner letzten Mahlzeit. Wissenschaftler haben herausgefunden, dass diese kleinen Knochen von mehreren jungen* Coelophysiden *stammen. Der gefürchtete Raubsaurier war vermutlich ein Kannibale.*

49

Was Dinosaurier fraßen

Spuren verfolgen

In den meisten Fällen müssen Wissenschaftler Rückschlüsse auf die Nahrung der Dinosaurier ziehen, indem sie Hinweise deuten, die sie an den Zähnen, am Schädel sowie am Skelett finden. Die Form der Zähne ist besonders interessant, da Untersuchungen an heute lebenden Tieren zeigten, dass die Zahnform eng mit der Nahrung zusammenhängt. Andere Beweise sind ebenfalls nützlich. Dazu zählen die Form der Krallen, das äußere Erscheinungsbild des Körpers sowie die Arbeitsweise der Kiefermuskulatur.

Spuren zu Karnivoren

Heutige karnivore Reptilien wie Warane besitzen flache, klingenartige Zähne. Die Spitzen ihrer Zähne sind nach hinten gebogen, sodass sie sich im Fleisch ihrer Beute festhaken können. Vorn und hinten an den Kanten der Zähne befinden sich winzige, sägeförmige Zacken, ähnlich wie bei einem Steakmesser. Mit diesen Zacken „sägen" sich die Zähne durch das Fleisch des Beutetiers. Solche Zähne sind besonders geeignet, um große Landtiere mit

▲ *Die Zähne eines Leguans sind blattförmig. Die Zahnkanten sind mit wenigen großen, sägeförmigen Zacken bedeckt.*

▲ *Die Zähne von* Atlascopcosaurus, *einem kleinen herbivoren Dinosaurier aus Australien, ähneln sehr denen eines Leguans. Diese Zähne hier sind stark abgenutzt.*

harter Haut zu erlegen. Andere Fleischfresser wie die Krokodile besitzen einfache, dornenartige Zähne ohne Zacken. Sie eignen sich gut dazu, glitschige Beute mit weichem Fleisch wie Fische zu fangen. Dinosaurier wie Tyrannosaurus und Allosaurus hatten ähnliche Zähne wie Warane – nur dass die Dinosaurierzähne viel größer waren! Baryonyx besaß Zähne wie ein Krokodil. Aus diesen Vergleichen können wir folgern, was diese Dinosaurier fraßen, ja sogar von welchen Tierarten sie sich ernährten.

Heutige Fleischfresser wie Raubvögel, Krokodile und einige Säugetiere besitzen große, scharfe, stark gekrümmte Krallen. Mit ihnen halten sie ihre Beute fest. Dinosaurier mit ebenso großen, gekrümmten Krallen waren daher vermutlich ebenfalls Fleischfresser. Einige Theropoden besaßen bis zu 30 cm lange Krallen.

Hinweise auf Herbivoren

Die Zähne heutiger herbivorer Echsen wie Leguane unterscheiden sich sehr von denen der Karnivoren. Sie sind breit und blattförmig. An ihren Seiten befinden sich sehr raue, sägeförmige Zacken, die viel größer als die der Fleischfresser sind und zickzackförmig aussehen. Mit diesen Zacken können sehr gut Pflanzen abgerissen und abgeschnitten werden. Ähnliche Zähne besaßen die Dinosaurier Lesothosaurus und Scelidosaurus, die vermutlich Pflanzenfresser waren. Andere Dinosaurier wie die Hadrosaurier hatten flache Zähne ohne diese großen Zacken. Diese Zähne gleichen denjenigen von Schafen und Rindern, die sehr lange auf harten Pflanzen kauen.

Pflanzenfresser benötigen riesige Verdauungstrakte, um schwer verdauliche Pflanzen zu verarbeiten. Sie haben deshalb auch sehr große Mägen. Die Form des Brustkorbes eines Dinosauriers weist auf die Größe des Verdauungstraktes hin und damit auch auf seine Nahrung.

Magensteine

Gelegentlich werden Dinosaurierskelette entdeckt, die im Bereich des Magens kleine Mengen polierter Steine enthalten. Man nennt sie Gastrolithen (Magensteine). Von einigen heutigen Pflanzenfressern weiß man, dass sie Steine verschlucken, die sich im Magen ansammeln. Durch die Bewegung der Magenmuskulatur werden die Steine gegeneinander gerieben und zermahlen dabei die Nahrung in kleinere Teile. Gastrolithen bei herbivoren Dinosauriern funktionierten wahrscheinlich auf die gleiche Art.

▲ Dieser Unterkiefer eines Warans zeigt die gleichen flachen, klingenartigen Zähne, die auch bei vielen verschiedenen karnivoren Reptilienarten vorhanden sind. An den Seiten der Zähne befinden sich sehr feine, scharfe Zacken.

Obwohl die Zähne von Tyrannosaurus *sehr viel größer sind, haben sie die gleiche Form wie die der Warane. Im Zusammenspiel mit seinen kräftigen Kiefermuskeln konnte* Tyrannosaurus *mit ihnen sogar Knochen brechen.* ▼

Was Dinosaurier fraßen

Auch die gefürchtetsten Fleischfresser wie Tyrannosaurus waren am Anfang ihres Lebens auf die Fähigkeiten ihrer Eltern angewiesen, Tiere zu jagen und Aas zu finden.

| Wie groß waren sie? | # Riesen und Zwerge |

Die abgebildeten Tiere verdeutlichen die enormen Größenunterschiede: vom gigantischen Sauropoden bis zu den winzigen Karnivoren und Vögeln.

Dinosaurier stellt man sich meist als gigantische Tiere vor, die wesentlich größer waren als die heute lebenden Tiere. Tatsächlich kamen sie jedoch in vielen unterschiedlichen Größen vor. Und obwohl viele wirklich riesig waren, gab es doch auch überraschend kleine Dinosaurier.

Einige Dinosaurier wie die Herbivoren Lesothosaurus und Hypsilophodon sowie die Karnivoren Troodon und Compsognathus wurden nur ein bis zwei Meter groß und wogen so viel wie ein Hund. Baby-Dinosaurier waren natürlich noch kleiner. Andere wie Mussaurus waren nach dem Schlüpfen sogar nur wenige

Iberomesornis   Compsognathus   Deinonychus   Triceratops   Tyrannosaurus

Zentimeter klein. Doch Baby-Dinosaurier wuchsen schnell heran und konnten als erwachsene Tiere eine enorme Größe erreichen.

Die großen Dinosaurierarten zählen zu den größten Landtieren aller Zeiten. Und einige Sauropoden wie Seismosaurus waren die längsten Tiere, die je auf der Erde gelebt haben. Doch obwohl viele Dinosaurier länger und schwerer als die heutigen Elefanten oder Nashörner waren, wogen sogar die schwersten Dinosaurier weniger als das größte Tier aller Zeiten. Der Blauwal erreicht bis zu 30 m Länge und wiegt fast 200 t – doppelt so viel wie der schwerste Dinosaurier. Blauwale können deshalb so schwer werden, weil das Wasser, in dem sie leben, einen großen Teil ihres Gewichtes trägt. Dinosaurier mussten dagegen als Landtiere ihr gesamtes Körpergewicht selbst tragen.

FAKTEN

Längster Dinosaurier: Seismosaurus, ein Sauropode aus Nordamerika, erreichte eine Länge von bis zu 50 m.

Schwerster Dinosaurier: Argentinosaurus, ein argentinischer Sauropode, wurde bis zu 100 t schwer.

Höchster Dinosaurier: Brachiosaurus weidete in Baumwipfeln von etwa 12 m Höhe.

Kleinster Dinosaurier: Compsognathus wurde nur 1 m groß und wog so viel wie ein Huhn; die „Laufsaurier" waren sogar noch kleiner, einige erreichten nicht einmal die Größe eines Sperlings.

Größter Fleisch fressender Dinosaurier: Giganotosaurus, ein argentinischer Theropode, wurde bis zu 14,5 m lang.

Dinosaurier mit dem größten Kopf: Pentaceratops, ein Hornsaurier aus Nordamerika, besaß einen mehr als 3 m langen Schädel.

Brachiosaurus

Wie sie sich fortbewegten

Fährten im Fels

Wissenschaftler stellen vor allem mit zwei Methoden fest, wie sich Dinosaurier fortbewegten – sie untersuchen sehr genau das Skelett und werten versteinerte Fußspuren aus. Am Skelett können sie erkennen, welche Bewegungen die Beine machen konnten und welche Größe und Lage die Beinmuskeln hatten. Außerdem zeigt es, wie stark die Beinknochen waren und wo der Schwerpunkt des Körpers lag. Fußspuren liefern nicht nur Beweise über Schnelligkeit und Laufstil, sie verraten auch manche anderen Einzelheiten aus dem Verhalten von Dinosauriern, z. B. ob sie in Herden lebten.

Diese Fährte stammt von einem Ornithopoden, der auf seinen Hinterbeinen ging. Fußspuren von Ornithopoden kann man an den Abdrücken seiner drei Zehen erkennen, die jeweils in einem runden, stumpfen Huf enden. Fußspuren von Ornithopoden fand man häufig in Felsen aus der Unterkreide in Spanien und Südengland. ▼

Fußspuren von Theropoden und Ornithopoden ähneln sich, sodass sie manchmal schwer auseinander zu halten sind. Theropoden erkennt man an dem scharfen Einstich am Ende der Zehen, der durch die Krallen entsteht. ▼

Leider kann man nicht sagen, welche spezielle Dinosaurierart einen bestimmten Fußabdruck hinterlassen hat. Denn gewöhnlich sieht die Form der Füße innerhalb einer größeren Dinosauriergruppe stets gleich aus. Fast alle Theropoden haben z. B. einen dreizehigen Fuß, der in scharfen, spitzen Krallen endet. Natürlich unterscheiden sich die Fährten einzelner Dinosauriergruppen voneinander. Die großen runden Fußspuren der Sauropoden sind verhältnismäßig einfach von den dreizehigen Fußspuren der Theropoden und Ornithopoden zu unterscheiden. So kann man wenigstens in allgemeiner Weise etwas über die Dinosaurier aussagen, von denen eine Fährte stammt.

Laufen und Gehen

Versuche mit heutigen Tieren beim Laufen und Gehen haben gezeigt, dass man die Geschwindigkeit eines Tieres aus seinen Fußspuren errechnen kann. Die wichtigsten Messungen sind die Schrittlänge – das ist die Entfernung zwischen zwei aufeinander folgenden Abdrücken desselben Fußes – sowie die Länge des Fußabdrucks selbst. Daraus kann man mit einer einfachen Gleichung die Geschwindigkeit errechnen. Man schätzt, dass einige große Theropoden wie Allosaurus bis zu 40 km/h schnell sein konnten. Leichte Theropoden wie Struthiomimus und kleine Ornithopoden wie Hypsilophodon konnten wahrscheinlich doppelt so schnell laufen. Die gewaltigen Sauropoden und die schweren Ankylosaurier, Stegosaurier und Ceratopsier bewegten sich nur langsam fort. Sie erreichten vielleicht nur 15 bis 30 km/h.

Schwimmen

Eine außergewöhnliche Fährte stammt offenbar von einem schwimmenden Sauropoden. Als die Fährte entdeckt wurde, fand man viele versteinerte Handabdrücke, aber nur wenige Fußspuren. Es schien, als ob hier ein Sauropode auf seinen Händen gelaufen wäre! Die Fährte ist aber vermutlich entstanden, als ein Theropode einen Fluss durchschwamm und sich mit seinen Vorderbeinen am Flussgrund abstieß, während seine Hinterbeine im Wasser trieben. Die wenigen Fußspuren könnten durch gelegentliches Abstoßen mit den Hinterbeinen entstanden sein, durch das er zusätzlichen Antrieb erhielt.

Diese spektakulären Fährten stammen von einem großen Sauropodenpaar. Beachte die großen runden Fußabdrücke und die davor liegenden kleineren, sichelförmigen Handabdrücke. Als diese Fährten entstanden, lag der Schlamm, der später zu Fels wurde, in der Nähe eines großen Sees. Heute sieht es so aus, als ob die Dinosaurier den Fels hinaufgeklettert wären. Tatsächlich wurde der Fels aber vor vielen Millionen Jahren durch Erdverschiebungen senkrecht aufgerichtet. ▶

Sauropodenkralle

Sauropoden hinterließen auf weichem, schlammigem Boden große runde Abdrücke ihrer Füße, die wie Spuren von Elefanten aussehen. Breite Füße verteilen das Gewicht über eine größere Fläche und verhindern, dass ein Tier zu tief in den weichen Grund einsinkt. Bei sehr gut erhaltenen Fußspuren von Sauropoden ist der Abdruck der großen Kralle erkennbar, die am ersten Zeh saß.

▲ *Beachte die Krallen am Fuß dieses* Apatosaurus.

Wie sie sich fortbewegten

Zwei oder vier Beine?

Tiere können danach eingeteilt werden, wie sie laufen und gehen. Bipede Tiere (Zweibeiner) laufen nur auf ihren Hinterbeinen. Dazu zählen die Menschen und die Vögel. Quadrupede Tiere (Vierbeiner) gehen auf allen vieren. Diese Kategorien sind jedoch nicht immer eindeutig, denn einige Tiere können sowohl zwei- als auch vierbeinig laufen. Um festzustellen, wie sich Dinosaurier fortbewegten, untersuchen Wissenschaftler die Längenverhältnisse der Skelette und überprüfen die versteinerten Hand- und Fußabdrücke ihrer Fährten.

Diese Fußspuren stammen von einem großen bipeden Ornithopoden. Das Tier ging vermutlich sehr langsam, als es die Spuren hinterließ, denn die einzelnen Fußabdrücke liegen nicht weit auseinander. ▼

Dieses Skelett von Camptosaurus zeigt ihn auf allen vieren. Wahrscheinlich konnte Camptosaurus bei Bedarf auch auf zwei Beinen laufen. ▼

Vierbeiner haben Arme und Beine, die etwa gleich lang sind. So wird das Körpergewicht gleichmäßig vorn und hinten unterstützt. Im Gegensatz dazu haben Zweibeiner meist lange Hinterbeine, während die Arme sehr kurz sind und nur wenig Gewicht tragen können. Auch die Körper der Zweibeiner sind oft sehr kurz, sodass der größte Teil des Körpergewichtes auf den Hüften ruht. Der Körper quadrupeder Tiere kann länger sein, weil er mehr Gewicht mit den Armen tragen kann.

Bipede Dinosaurier

Theropoden haben äußerst lange Hinterbeine und kurze, gedrungene Körper. Die Arme sind im Verhältnis zu den Beinen gewöhnlich recht kurz und nicht stark genug, um das Körpergewicht zu unterstützen. Diese Merkmale findet man auch bei kleinen Ornithopoden und Pachycephalosauriern, die vermutlich bipede Tiere waren.

Quadrupede Dinosaurier

Sauropoden, Ankylosaurier und Ceratopsier hatten stämmige Arme, die schwere Lasten tragen konnten, und große tonnenförmige Körper. Sie waren vermutlich quadrupede Tiere. Während Handabdrücke in den Fährten von Theropoden oder kleinen Ornithopoden nicht zu finden sind, zeigen die Spuren von Sauropoden, Ankylosauriern und Ceratopsiern immer die Abdrücke von Händen und Füßen.

Auf zwei oder vier Beinen

Große Ornithopoden wie Iguanodon und Prosauropoden wie Plateosaurus waren in der Lage, je nach Bedarf auf zwei oder auf vier Beinen zu laufen oder zu gehen. Ihre Körper mischen die Merkmale beider Gruppen und zeigen z. B. lange Hinterbeine und kurze, aber kräftige Arme mit breiten Händen, die das Körpergewicht tragen konnten, wenn sich die Tiere auf alle viere herabließen. Die Fährten beider Dinosauriergruppen beweisen, dass sie ihre Hände gelegentlich beim Gehen einsetzten.

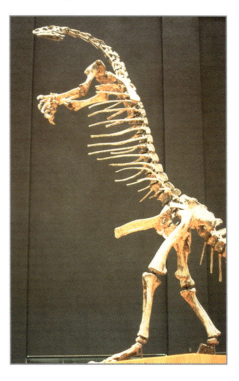

Plateosaurus konnte sich auf den Hinterbeinen aufrichten, um von Bäumen zu fressen. Beachte die kurzen Arme. Sie waren aber so kräftig, dass Plateosaurus auch auf allen vieren gehen konnte. ▶

Einteilung

Die Dinosaurier

Wissenschaftler teilen die Dinosaurier in verschiedene Gruppen ein, die auf den Verwandtschaftsverhältnissen der einzelnen Arten beruhen. Grundlage dieser Einteilung sind die charakteristischen Merkmale, die eine bestimmte Gruppe auszeichnen. Stegosaurier z. B. bilden eine eigene Gruppe, weil sie alle große Knochenplatten und Dornen am Rücken und am Schwanz besitzen. Das Erkennen und Bestimmen solcher Skelettmerkmale ermöglicht es den Wissenschaftlern, die verwandtschaftlichen Beziehungen unterschiedlicher Dinosaurierarten zu erschließen.

Um herauszufinden, wie sich die Dinosaurier entwickelten, hat man eine Art „Stammbaum" aufgestellt. Danach werden die Dinosaurier in zwei Hauptgruppen eingeteilt, die sich durch die Form der Hüftknochen unterscheiden. Solche Dinosaurier, deren Hüfte derjenigen heutiger Reptilien ähnelt, werden als Saurischier (echsenhüftig) bezeichnet, während diejenigen Dinosaurier, deren Hüfte der heutiger Vögel gleicht, Ornithischier (vogelhüftig) genannt werden. Verwirrenderweise sind die vogelhüftigen Dinosaurier nur sehr entfernt mit den Vögeln verwandt, während die direkten Vorfahren der Vögel von den echsenhüftigen Dinosauriern abstammen.

Saurischier (echsenhüftig)

Saurischier werden in zwei Gruppen unterteilt – Theropoda und Sauropodomorpha. Theropoden waren zweibeinige Fleischfresser, die scharfe Zähne und Greifhände mit kräftigen Krallen besaßen. Zu dieser Gruppe zählen Allosaurus, Tyrannosaurus und Oviraptor. Die Sauropodomorpha sind in Prosauropoda und Sauropoda unterteilt. Beide Gruppen waren Pflanzenfresser mit langen Hälsen, kleinen Köpfen und großen tonnenförmigen Körpern. Sie unterschieden sich durch zahlreiche Merkmale wie z. B. die Zahl der Halsknochen (Sauropoden hatten viel längere Hälse als Prosauropoden). Plateosaurus ist beispielsweise ein Prosauropode, während Diplodocus und Brachiosaurus zu den Sauropoden zählen.

Ornithischier (vogelhüftig)

Ornithischier sind in fünf große Gruppen unterteilt: Ornithopoda, Ankylosauria, Stegosauria, Ceratopsia und Pachycephalosauria. Alle Ornithischier waren Pflanzenfresser. Ornithopoden wie Iguanodon und Hypsilophodon waren gewöhnlich Zweibeiner, auch wenn sie manchmal auf allen vieren liefen. Ihre Köpfe besaßen lange Schnauzen. Die gepanzerten Ankylosaurier wie Ankylosaurus können an ihren Panzerplatten erkannt werden, während Stegosaurier wie Kentrosaurus große Knochenplatten und Dornen besaßen. Ceratopsier wie Triceratops zeichneten sich meist durch beeindruckende Hörner und Halskrausen am Schädel aus. Pachycephalosaurier wie Pachycephalosaurus waren durch hohe Schädelkuppeln charakterisiert, die aus dicken Knochenschichten bestanden.

Die Hüften aller Dinosaurier bestehen aus drei Knochen – dem Darmbein, dem Schambein sowie dem Sitzbein. Das Darmbein bildet den oberen Teil der Hüfte und verbindet diese mit dem Rückgrat. Sitzbein und Schambein weisen nach unten. An ihnen setzte die kräftige Beinmuskulatur an.
Bei Saurischiern wie Allosaurus *(größeres Bild) sind diese Knochen ähnlich wie bei anderen Reptilien angeordnet. Das Sitzbein weist nach hinten und das Schambein nach vorn.*
Bei Ornithischiern wie Scelidosaurus *(kleines Bild) sind die Hüftknochen ähnlich wie bei Vögeln angeordnet. Im Gegensatz zu den Saurischiern ist das Schambein nach hinten verdreht und liegt parallel zum Sitzbein.* ▼

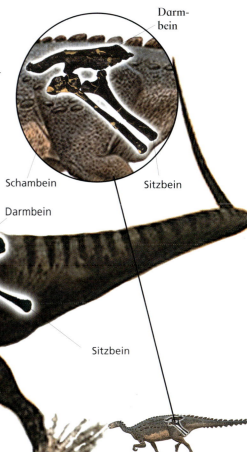

Darmbein

Schambein

Sitzbein

Darmbein

Sitzbein

Schambein

Saurischia

Die Dinosaurier

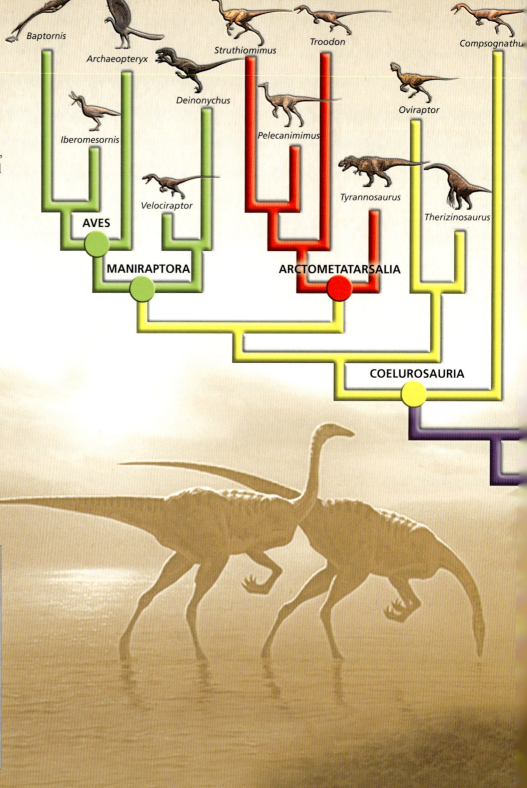

Der Stammbaum zeigt die Verwandtschaftsbeziehungen zwischen den vielen verschiedenen Arten der Saurischier (echsenhüftige Dinosaurier). Die Saurischier teilen sich in zwei Hauptgruppen: die Theropoda und die Sauropodomorpha. Zu den Theropoda zählen bipede, Fleisch fressende Dinosaurier und ihre Abkömmlinge, die Vögel. Theropoden traten erstmals in der Oberen Trias auf und überlebten bis zum Ende der Kreidezeit. Sie stellten die wichtigsten großen Landraubtiere im Mesozoikum. Sauropodomorphe waren große Herbivore mit langen Hälsen, langen Schwänzen und großen, tonnenförmigen Körpern. Die Gruppe unterteilt sich in Prosauropoda und Sauropoda. Prosauropoden lebten in der Oberen Trias und im Unteren Jura, während Sauropoden zuerst im Unteren Jura erschienen. Sauropoden waren im Oberen Jura weit verbreitet und überlebten als wichtige Herbivore in Südamerika, Europa und Indien bis zur Kreide.

Größere Untergruppen
Sauropoda
Sauropodomorpha
Ceratosauria
Tetanurae
Coelurosauria
Arctometatarsalia
Maniraptora
nicht gesichert

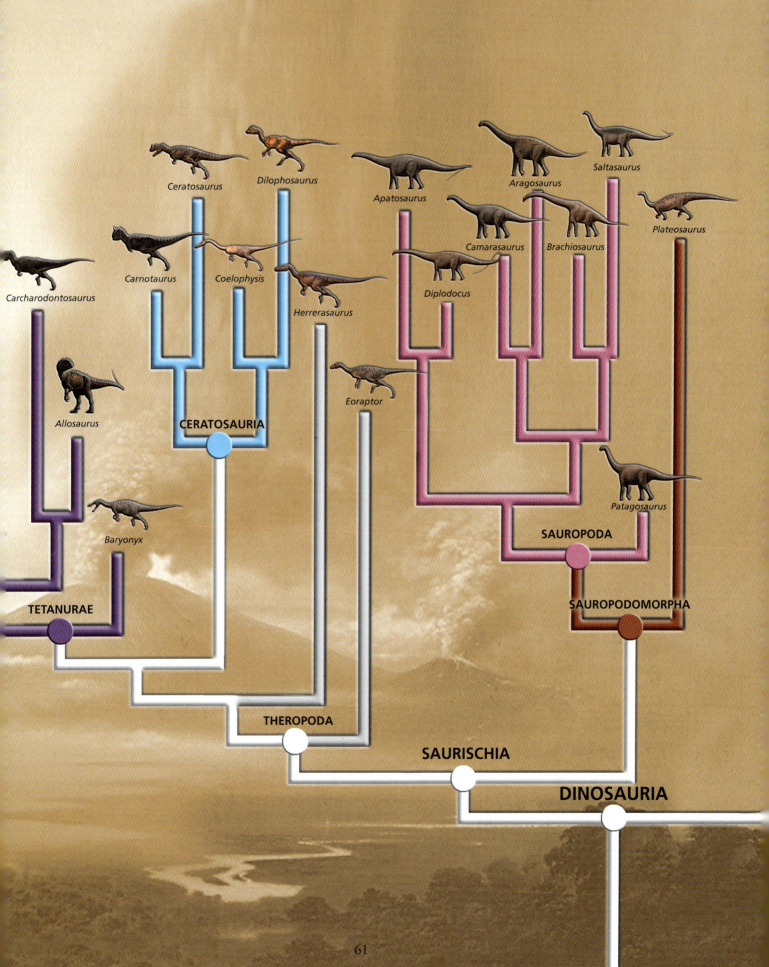

Die Dinosaurier

Ornithischia

Die Verwandtschafts-
beziehungen zwischen den
verschiedenen Ornithischiern
(vogelhüftige Dinosaurier) zeigt
dieser Stammbaum. Es gab viele
verschiedene Arten von Ornithischiern: vom Lesothosaurus, der
sehr früh im Unteren Jura erschien, bis zu den beeindruckenden Hadrosauriern und Ceratopsiern der Oberkreide.
Ornithischier traten erstmals in
der Oberen Trias auf, jedoch waren sie zu dieser Zeit sehr selten.
Bis zum Oberen Jura gab es nur
wenige Ornithischier und erst
danach wurden sie zahlreicher
und bedeutender. Zum Ende der
Kreidezeit waren die Ornithischier dann die verbreitetsten
Dinosaurier. Alle Ornithischier
waren Pflanzenfresser. Einige
konnten ihre Nahrung wie die
heutigen herbivoren Tiere kauen.
Ornithischier werden in fünf
Hauptgruppen eingeteilt:
Stegosauria, Ankylosauria,
Pachycephalosauria, Ceratopsia
und Ornithopoda.

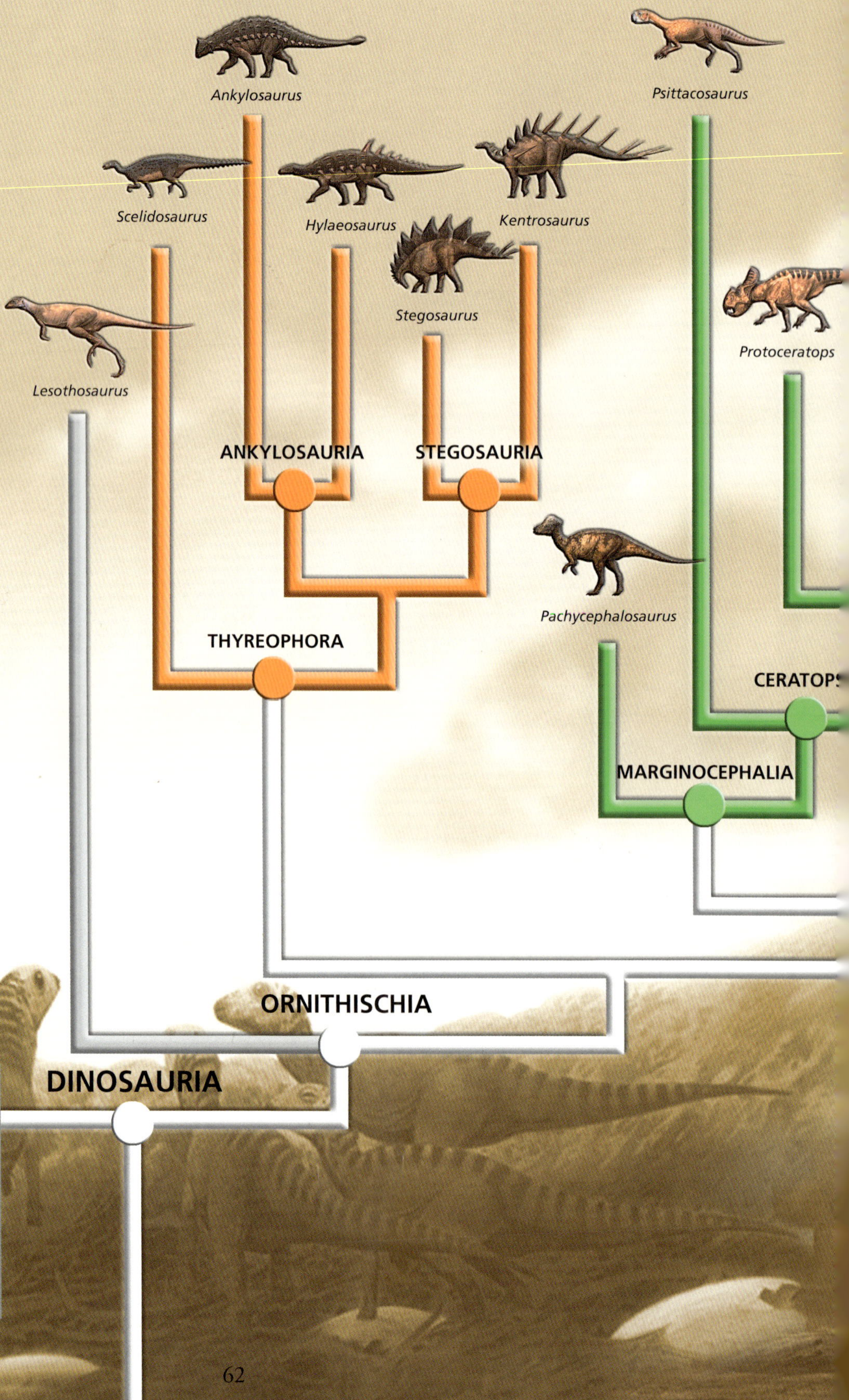

Ankylosaurus

Psittacosaurus

Scelidosaurus

Hylaeosaurus

Kentrosaurus

Stegosaurus

Protoceratops

Lesothosaurus

ANKYLOSAURIA

STEGOSAURIA

Pachycephalosaurus

THYREOPHORA

CERATOPS

MARGINOCEPHALIA

ORNITHISCHIA

DINOSAURIA

Größere Untergruppen

- Thyreophora
- Marginocephalia
- Ornithopoda
- nicht gesichert

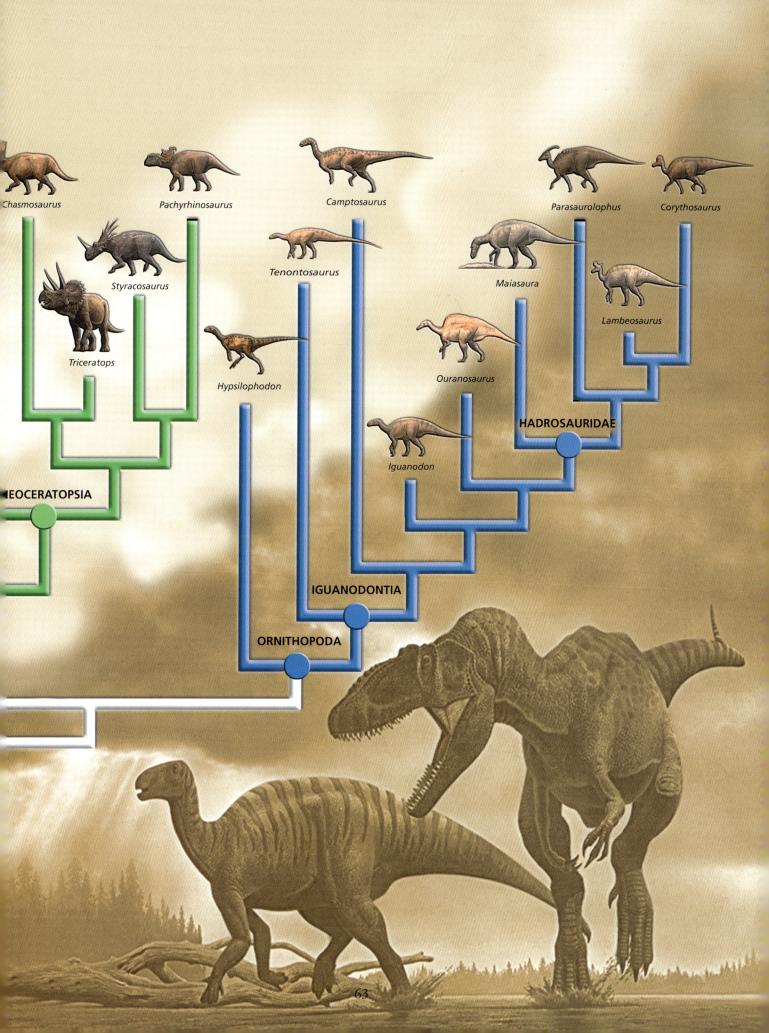

Lagosuchus

FAKTEN

Gattung: Lagosuchus

Systematik: Archosauria, Ornithodira, Dinosauromorpha

Länge: 40 cm

Gewicht: 100–200 g

Zeit: Mittlere Trias, vor 240 bis 231 Millionen Jahren

Fundort: Argentinien

Während der Mittleren Trias, noch bevor die ersten Dinosaurier auf der Erde erschienen, trat im heutigen Argentinien ein kleines Reptil auf: Lagosuchus. Er war leicht gebaut und besaß lange, schlanke Hinterbeine, mit denen er schnell laufen konnte. Einige Wissenschaftler glauben, dass Lagosuchus auch wie ein Kaninchen oder Känguru hüpfen konnte. Schnelligkeit und Beweglichkeit waren seine einzigen Waffen im Kampf gegen die großen karnivoren Reptilien, die zu dieser Zeit ebenfalls in den Wüsten lebten, die Südamerika damals bedeckten.

Lagosuchus war kein Dinosaurier, jedoch sehr eng mit ihnen verwandt. All diese Tiere besaßen zahlreiche Ähnlichkeiten in der Struktur der Hüftknochen, der Hinterbeine und des Halses. Viele dieser Merkmale gelten als Voraussetzung für die Fähigkeit, auf zwei Beinen gehen zu können. ▶

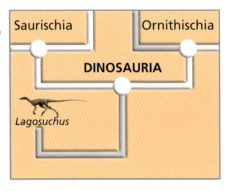

Lagosuchus ging wie die ersten Dinosaurier nur auf seinen Hinterbeinen. Er und seine engen Verwandten Marasuchus und Lagerpeton waren die ersten bipeden Tiere. Bis dahin waren alle Tiere auf vier Beinen gelaufen. Die Entwicklung zweibeiniger Tiere aber war ein großer Fortschritt der Evolution, denn Zweibeiner konnten ihre Vorderbeine anderweitig nutzen, um z. B. Beute zu fangen. Außerdem konnten Zweibeiner schneller laufen. Lagosuchus besaß einen langen Schwanz als Gegengewicht zu seinem grazilen Hals. Sein Körper war kurz und gedrungen. Lagosuchus war ein Raubtier und seine Kiefer besaßen kleine, scharfe Zähne. Seine langen Arme endeten in dreifingrigen Händen, die scharfe Krallen hatten. Damit konnte er Beutetiere wie Insekten oder kleine Säugetiere fangen und festhalten.

Die engsten Verwandten

Lagosuchus, Marasuchus und Lagerpeton sind die engsten Verwandten der Dinosaurier. Durch Untersuchungen ihrer fossilen Überreste können Wissenschaftler den Ursprung und die Entwicklung der Dinosaurier besser verstehen. Man nimmt an, dass sich die Dinosaurier aus Tieren entwickelten, die Lagosuchus ähnelten, da beider Fossilien im gleichen Gebiet gefunden wurden.

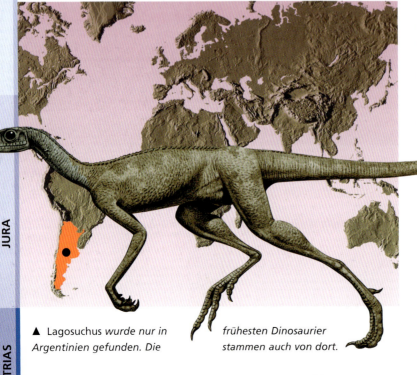

▲ Lagosuchus wurde nur in Argentinien gefunden. Die frühesten Dinosaurier stammen auch von dort.

Lesothosaurus

Lesothosaurus, einer der frühsten Ornithischier, war ein kleines, leichtgewichtiges Tier. Der kleine Pflanzenfresser konnte sich nur verteidigen, indem er seinen Angreifern davonlief. Er hatte lange, elegante Beine und hohle Knochen, die leicht, aber stabil waren. Seine Lebensweise dürfte in gewisser Weise der von Gazellen geähnelt haben, die die meiste Zeit mit der Nahrungssuche verbringen und dabei stets aufmerksam nach lauernden Raubtieren Ausschau halten.

FAKTEN

Gattung: Lesothosaurus
Systematik: Ornithischia
Länge: bis zu 1 m
Gewicht: 10 kg
Zeit: Unteres Jura, vor 213 bis 200 Millionen Jahren
Fundort: Lesotho und Südafrika

Lesothosaurus war einer der primitivsten Ornithischier. Der flinke Zweibeiner besaß einen kurzen Hals, einen kleinen Körper und einen sehr langen, schlanken Schwanz. Seine Hüftknochen waren so angeordnet, wie es für Vögel typisch ist. Warum sich diese „vogelhüftige" Anordnung entwickelte, ist noch nicht geklärt. Der Grund könnten Veränderungen in der Art und Weise gewesen sein, wie die Beinmuskeln an den Hüftknochen ansetzten. Möglicherweise hatte sich aber auch das Schambein nach hinten gedreht, um mehr Platz zu schaffen für einen größeren Verdauungstrakt – ein wichtiges Merkmal der Pflanzenfresser, weil Pflanzen schwerer zu verdauen sind als Fleisch.

Nicht nur ein Pflanzenfresser?

In den Kiefern von Lesothosaurus saßen Zahnreihen, die denen heutiger Leguane, einer Pflanzen fressenden Echse, sehr ähnlich sind. Vorne im Maul saßen jedoch spitze Zähne. Sollte dieser kleine Pflanzenfresser gelegentlich auch kleine Tiere gefressen haben?

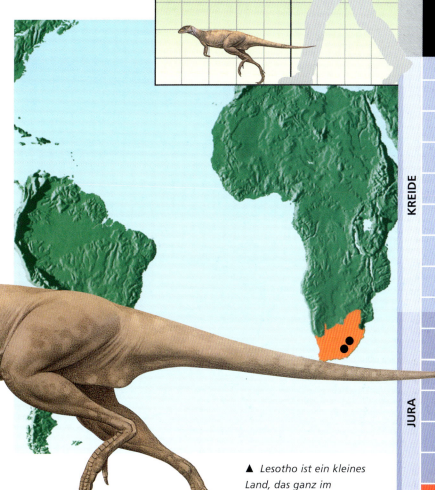

▲ Lesotho ist ein kleines Land, das ganz im gebirgigen Ostteil Südafrikas liegt. Überreste von Lesothosaurus sind aus Lesotho und angrenzenden Gebieten bekannt.

Scelidosaurus

FAKTEN

Gattung: Scelidosaurus

Systematik: Thyreophora, Scelidosauridae

Länge: bis zu 4 m

Gewicht: bis zu 250 kg

Zeit: Unteres Jura, vor 206 bis 200 Millionen Jahren

Fundort: England und möglicherweise USA

Der gepanzerte Scelidosaurus ist eines der frühesten Mitglieder einer Gruppe, zu der auch die mit Platten bedeckten Stegosaurier und die gepanzerten Ankylosaurier gehören. Darüber hinaus ist er einer der frühesten Ornithischier. Wissenschaftlern lieferte Scelidosaurus viele Informationen über Ursprung und Entwicklung dieser gesamten Hauptgruppe. Von Scelidosaurus sind zwei wunderbar erhaltene Skelette, zwei Schädel sowie wenige einzelne Knochen und Panzerplatten bekannt.

Schädel eines jungen Scelidosaurus. ▶

Fossilien von Scelidosaurus wurden im südenglischen Dorset gefunden. Erkenntnisse, dass er auch in den USA lebte, haben sich bislang nicht bestätigt. ▼

Scelidosaurus war ein klein gewachsener Pflanzenfresser, der am Rücken und am Schwanz viele Reihen tränenförmiger Knochenhöcker besaß. Diese Panzerung war eine frühe Variante der ausgeprägteren Panzerplatten der Ankylosaurier. Sie könnte Scelidosaurus gegen Angriffe großer Theropoden wie Magnosaurus geschützt haben. Versteinerte Hautabdrücke zeigen kleine, sechseckige Schuppen, die zwischen den Panzerplatten saßen.

Auf allen vieren laufen

Scelidosaurus lief auf allen vieren, obwohl seine Hinterbeine sehr viel länger als seine Vorderbeine waren. Vielleicht war er deshalb auch in der Lage, gelegentlich nur auf den längeren Hinterbeinen zu laufen oder sich aufzurichten, um von größeren Büschen zu fressen. Laufen konnte Scelidosaurus vermutlich nicht besonders schnell, da sein Körper sowie seine Beine und Füße zu gedrungen waren. Scelidosaurus besaß einen kleinen Kopf und seine Kiefer waren vorne mit einem Hornschnabel versehen. Seine Zähne waren klein und blattförmig und wiesen einige große, sägeförmige Zacken an jeder Kante auf. Mit ihnen konnte er sehr gut Pflanzen abbeißen.

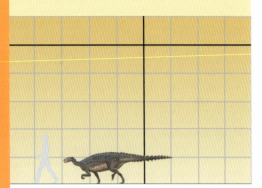

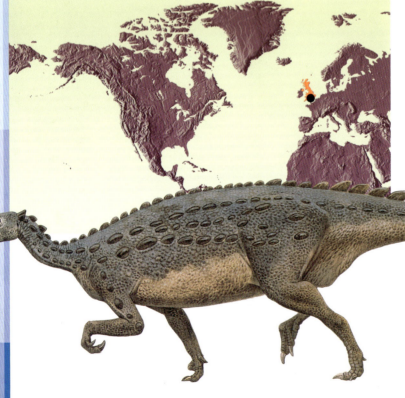

Hylaeosaurus

FAKTEN

Gattung: Hylaeosaurus

Systematik: Thyreophora, Ankylosauria, Nodosauridae

Länge: bis zu 5 m

Gewicht: 1,5 t

Zeit: Unterkreide, vor 140 bis 131 Millionen Jahren

Fundort: England

Hylaeosaurus (Waldechse) wurde nach dem Tilgate Forest in Südengland benannt. Dort wurden seine Überreste 1832 von Steinbrechern gefunden und von dem berühmten Fossiliensammler Gideon Mantell untersucht. Von Hylaeosaurus sind nur ein einziges, unvollständiges Skelett sowie verschiedene einzelne Knochen und Panzerplatten bekannt. Er war der erste gepanzerte Dinosaurier, der entdeckt wurde, und der dritte, der einen wissenschaftlichen Namen erhielt – nach Megalosaurus und Iguanodon.

Hylaeosaurus war ein Ankylosaurier. Ankylosauria werden in zwei Gruppen eingeteilt: Nodosauridae und Ankylosauridae. Die beiden Gruppen unterscheiden sich in vielen Aspekten. Vertreter der Ankylosauridae besaßen eine Schwanzkeule und ausgeprägte Panzerplatten am Kopf. Nodosauriern fehlte die Schwanzkeule und sie waren am Schädel weniger gut geschützt. Hylaeosaurus war ein Nodosaurier. Er besaß zahlreiche Knochenplatten, die auf seinem Rücken und Schwanz aufgereiht waren. Die Platten hatten viele verschiedene Formen und Größen. Einige waren flach und oval oder rund, während andere über der Schulter in lange Dornen ausliefen. Das hielt wohl viele hungrige Fleischfresser davon ab, ihn anzugreifen.

Subtropischer Lebensraum

Hylaeosaurus war wie alle anderen Ankylosaurier ein langsamer Pflanzenfresser, der auf allen vieren lief. Er ernährte sich von niedrig wachsenden Pflanzen, die er mit dem breiten Hornschnabel abbiss, und lebte in einer subtropischen Landschaft.

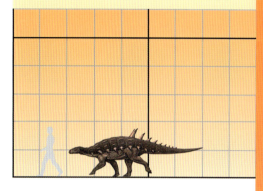

▲ *Überreste von* Hylaeosaurus *wurden nur in England gefunden. Enge Verwandte lebten in England, Rumänien, Spanien und den USA.*

Ankylosaurus

Ankylosaurus, ein großer Dinosaurier der Oberkreide in Nordamerika, war vom Kopf bis zum Schwanz mit dicken Knochenplatten bedeckt. Am Hinterkopf besaß er große, dreieckige Hörner. Die am ganzen Körper in die Haut eingebetteten Knochenplatten trugen am Rücken und am Schwanz spitze Stachel. Sein Schwanz verdickte sich zum Ende hin und mündete in einer schweren, knöchernen Schwanzkeule. Weil er seinen Lebensraum mit so gefürchteten Raubsauriern wie Tyrannosaurus und Albertosaurus teilte, hatte er wahrscheinlich allen Grund, sich derart zu schützen.

Der Schädel mündet vorne in einen zahnlosen Schnabel. Dahinter befinden sich blattförmige Zahnreihen. Bisher nahm man an, dass Ankylosaurus mit seinen Zähnen Pflanzen kaum zermahlen konnte. Jüngere Untersuchungen bewiesen nun das Gegenteil. ▼

Der kräftige Schädel ist komplett von Knochenplatten umhüllt. Einige Ankylosaurier hatten sogar knöcherne Augenlider! Die großen dreieckigen Hörner ragten am Hinterkopf heraus. ▼

Man glaubt, dass die Schwanzkeule aus knöchernen Knötchen bestand, die ursprünglich in die Haut eingebettet waren. Während des Wachstums verschmolzen diese Knötchen zur Schwanzkeule. Die Schwanzknochen vor der Keule waren fest miteinander verbunden, sodass das Schwanzende sehr steif und kräftig war. Mit besonderen Muskeln am Schwanzansatz konnte er den Schwanz zur Seite schlagen und so die Schwanzkeule einsetzen.

Verteidigung
Die dicken Knochenplatten waren ein guter Schutz auch gegen die wildesten Theropoden. Der Bauch war ungepanzert, sodass sich Ankylosaurus bei einem Angriff wohl duckte, um an diesem Körperteil nicht verletzt zu werden. Er hätte in Gefahr geraten können, wenn ihn ein Raubsaurier umgeschmissen hätte. Da Ankylosaurus aber mehrere Tonnen wog, wäre dies ein schwieriges Unterfangen gewesen.

Angriff!
Theropoden, die Ankylosaurus jagten, waren große, schwere, zweibeinige Tiere. Dadurch waren sie weniger standfest als kurze, vierbeinige Dinosaurier. Wegen ihres Körpergewichtes konnte ein einfacher Sturz schon zu Knochenbrüchen führen – besonders die schlanken Beinknochen waren gefährdet. Denn ein gut gezielter Schlag mit der Schwanzkeule von Ankylosaurus konnte einen Raubsaurier durchaus umwerfen oder ihm die Beine brechen. Sein Schicksal wäre besiegelt gewesen.

Weg nach Nordamerika
Ankylosaurus gehört zur Familie der Ankylosauriden, deren andere Mitglieder alle in Ostasien lebten, wo sie während der Unterkreide wahrscheinlich erstmals auftraten. Damals waren Amerika und Asien noch durch eine Landbrücke verbunden. Die Vorfahren von Ankylosaurus wanderten wohl später über diese Landbrücke nach Nordamerika.

Ankylosaurus

FAKTEN

Gattung: Ankylosaurus

Systematik: Thyreophora, Ankylosauria, Ankylosauridae

Länge: 10–11 m

Gewicht: 4 t

Zeit: Oberkreide, vor 68 bis 65 Millionen Jahren

Fundort: Montana und Wyoming, westliche USA, sowie Alberta, Kanada

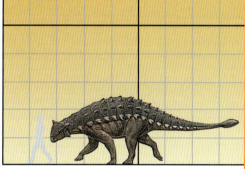

◀ Dieses Skelett von Euoplocephalus, einem nahen Verwandten von Ankylosaurus, zeigt die Lage der einzelnen Panzerplatten als große Schutzschilder, die Rücken, Hals und Flanken des Körpers bedeckten.

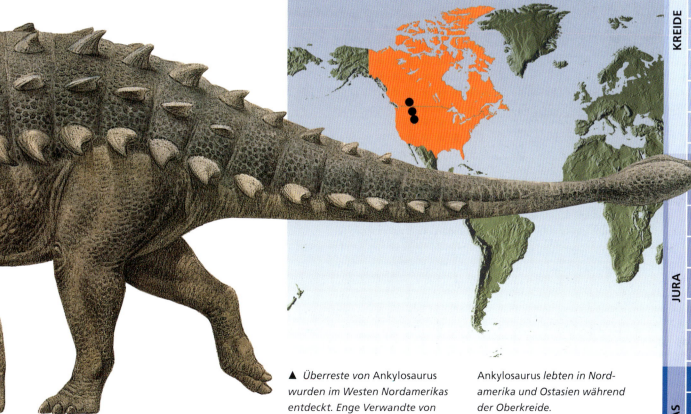

▲ Überreste von Ankylosaurus wurden im Westen Nordamerikas entdeckt. Enge Verwandte von Ankylosaurus lebten in Nordamerika und Ostasien während der Oberkreide.

Kentrosaurus

Kentrosaurus ist der kleinere, stacheligere Vetter des berühmten Stegosaurus. Beide Stegosaurier lebten während des Oberen Juras. Doch während Stegosaurus in Nordamerika gefunden wurde, zog Kentrosaurus durch die Ebenen des heutigen Tansania in Ostafrika. Kentrosaurus war ein vierbeiniger Pflanzenfresser. Zur Abschreckung von Raubsauriern ragten aus seinem Rücken lange, knöcherne Stacheln. Zusätzlichen Schutz boten seitliche Schulterstacheln. Sein stacheliger Schwanz bildete eine gefährliche Waffe.

Wegen des Größenunterschieds der Vorder- und Hinterbeine hielt Kentrosaurus *seinen Kopf stets dicht über dem Boden. Sein Hals war recht kurz. Daraus kann man schließen, dass sich* Kentrosaurus *von niedrig wachsenden Pflanzen wie Farnen und Palmwedeln ernährte.* ▼

Vermutlich konnte Kentrosaurus mit den Knochenplatten, die im Nacken und dem oberen Teil des Rückens saßen, ähnlich wie Stegosaurus (siehe Seite 72–73) die Körpertemperatur regulieren. Die Schulterstacheln boten ihm Schutz gegen Angriffe von der Seite. Die meisten anderen Stegosaurier besaßen an dieser Stelle ebenfalls Stacheln. Auch der hintere Rücken und der Schwanz, mit dem er seitlich ausschlagen konnte, wurden von Stacheln geschützt. Weil er zusätzlich am Schwanzende ein extra langes Stachelpaar besaß, konnten sich Raubsaurier nicht ohne Risiko in seine Nähe wagen. Hals, Bauch und Beine von Kentrosaurus waren weitgehend ungeschützt.

Körperpanzerung

Die großen, paarigen Platten und Stacheln, die vom Nacken bis zum Schwanzende hervorstehen, sind charakteristisch für Stegosaurier. Die Platten waren nicht mit der Wirbelsäule verbunden, sondern in der harten Haut eingebettet. Bei Kentrosaurus beginnen die knöchernen Verdickungen unmittelbar unterhalb des Kopfes mit einer Reihe flacher, dreieckiger Platten. Entlang des Rückens werden die Platten immer größer, behalten jedoch die gleiche Form. Oberhalb der Hüfte waren die Platten spitzer und glichen eher Stacheln. Entlang des Schwanzes wurden die Stacheln länger und spitzer.

Massiger Körper und riesiger Magen

Stegosaurier hatten sehr massige Körper und riesige Mägen, um die Nahrung aus harten, trockenen Pflanzen zu verdauen. Die Vorderbeine waren wesentlich kürzer als die Hinterbeine, doch wegen seines großen Verdauungstraktes musste Kentrosaurus auf allen vieren laufen. Hätte er versucht nur auf den Hinterbeinen zu laufen, so hätte ihn sein Körpergewicht wieder auf den Boden gedrückt. Vielleicht hat sich Kentrosaurus gelegentlich auf die Hinterbeine gestellt, um Blätter abzuweiden. Doch lange konnte er in dieser Position wohl nicht verweilen.

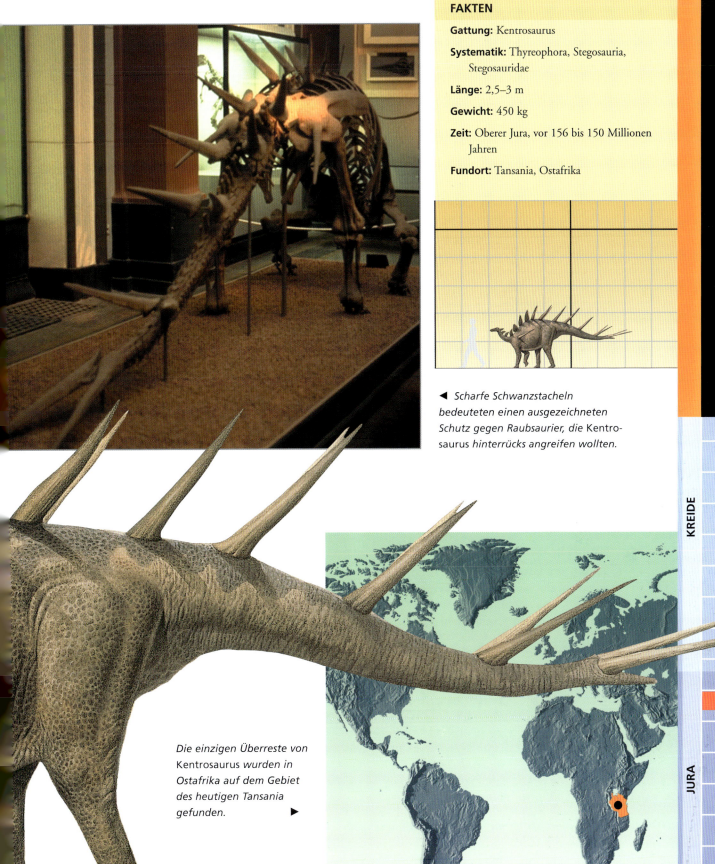

FAKTEN

Gattung: Kentrosaurus

Systematik: Thyreophora, Stegosauria, Stegosauridae

Länge: 2,5–3 m

Gewicht: 450 kg

Zeit: Oberer Jura, vor 156 bis 150 Millionen Jahren

Fundort: Tansania, Ostafrika

◄ *Scharfe Schwanzstacheln bedeuteten einen ausgezeichneten Schutz gegen Raubsaurier, die Kentrosaurus hinterrücks angreifen wollten.*

Die einzigen Überreste von Kentrosaurus wurden in Ostafrika auf dem Gebiet des heutigen Tansania gefunden. ▶

Stegosaurus

Er ist das bekannteste Mitglied der Stegosaurier, einer Dinosaurierordnung, die durch Knochenplatten und hoch aufragende Stacheln auf dem Rücken gekennzeichnet ist. Obwohl diese Ordnung vom Mittleren Jura bis in die Oberkreide existierte, wurde Stegosaurus lediglich im Gestein des Oberen Juras im Nordwesten Amerikas gefunden. Stegosaurus war ein großer, behäbiger Pflanzenfresser, der gleichzeitig mit anderen berühmten Dinosauriern wie Allosaurus und Ceratosaurus lebte – und diesen wahrscheinlich auch zum Opfer fiel.

▲ *An den massiven Hüftknochen von Stegosaurus setzten die riesigen Muskeln der Hinterbeine und des Schwanzes an.*

▲ *Unklar war lange, ob die Rückenplatten sich in den beiden Reihen genau gegenüberstanden. Jüngste Entdeckungen lassen vermuten, dass sie eher wechselständig angeordnet waren.*

Der Körper von Stegosaurus war mit zahlreichen knöchernen Erhebungen wie z. B. den Knochenhöckern an der Kehle bedeckt. Doch seine beeindruckendsten Kennzeichen sind die großen Platten und Schwanzstachel. Die Platten am Rückgrat waren unterschiedlich groß. Am größten und breitesten waren sie über der Hüfte. Bei einem großen Stegosaurus konnten sie bis zu 1 m hoch werden. Die beiden Stachelpaare am Schwanz erreichten eine Länge von bis zu 60 cm.

Verteidigung

Die Platten waren zwar groß, aber dünn und stumpf und boten daher wenig Schutz gegen Angriffe großer Raubsaurier. Die schweren Beine, der merkwürdig gekrümmte Rücken und die enorme Größe von Stegosaurus lassen vermuten, dass er bei einem Angriff nicht schnell entfliehen konnte. So war sein Schwanz die einzige Waffe gegen die wilden Raubsaurier des Juras. Er konnte mit ihm kräftig seitlich ausschlagen und mit den Schwanzstacheln die zerbrechlichen Beine oder den ungeschützten Bauch angreifender Fleischfresser verletzen.

Wärmeregulation

Man vermutet, dass Stegosaurus die Platten zur Regulation der Körpertemperatur nutzte. Winzige Vertiefungen auf den Plattenoberflächen deuten auf zahlreiche Blutgefäße hin. Diese dienten wohl dazu, Körperwärme aufzunehmen oder abzugeben, je nach Körpertemperatur, Aufenthaltsort und Außentemperatur der Umgebung. Wahrscheinlich konnte Stegosaurus die Blutmenge in den Platten regulieren, um auf diese Weise eine Überhitzung oder Unterkühlung zu vermeiden.

Neben den Platten sind bei Stegosaurus noch andere Merkmale wie die kurzen, gespreizten Vorderbeine und die viel längeren Hinterbeine zu beachten. Dies lässt auf einen enormen Verdauungstrakt schließen. Da er mit seinen Zähnen und dem Schnabel pflanzliche Nahrung nicht gut zerkauen konnte, musste sie längere Zeit im Darm verdaut werden, um die Nährstoffe freizusetzen. ▼

FAKTEN

Gattung: Stegosaurus

Systematik: Thyreophora, Stegosauria, Stegosauridae

Länge: bis zu 9 m

Gewicht: bis zu 2 t

Zeit: Oberer Jura, vor 156 bis 144 Millionen Jahren

Fundort: Wyoming, Utah und Colorado, alle westliche USA

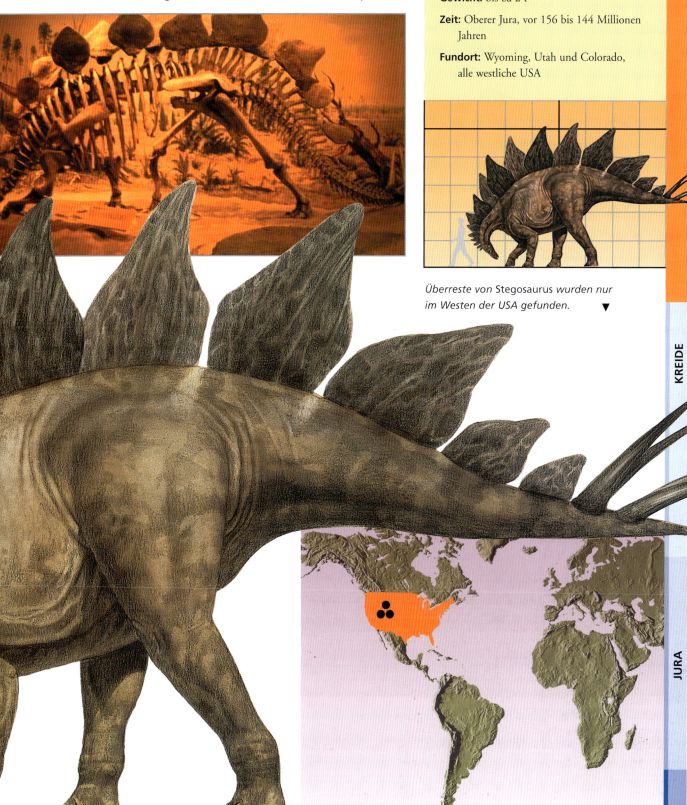

Überreste von Stegosaurus wurden nur im Westen der USA gefunden. ▼

Stegosaurus

Pachycephalosaurus

Pachycephalosaurus war ein Pflanzenfresser, der in der späten Kreidezeit durch das westliche Nordamerika wanderte. Bemerkenswert ist seine riesige Schädelkuppel, die bis zu 25 cm dick werden konnte. Die Funktion dieser Kuppel ist bis heute unklar geblieben, obwohl die Experten darüber diskutieren, seit im Jahr 1940 erste Überreste dieses Dinosauriers entdeckt wurden.

Der Schädel von Pachycephalosaurus ist nicht nur wegen der Kuppel bemerkenswert, die sich über und hinter den Augenhöhlen erhebt, sondern auch wegen der vielen runden Knochenhöcker am hinteren Kuppelrand und den spitz zulaufenden Stachelknochen entlang seiner Schnauze. Die Kuppel bestand aus einem festen, bis zu 25 cm dicken Knochen. Der Schädel war ca. 50 cm lang. Dagegen wirken die Zähne sehr klein. Abgerundet und mit sägeartigen Kanten versehen, waren sie ideal zum Zerkleinern von Pflanzen. ▼

Die Kuppel könnte als eine Art „Helm" gedient haben, um den Kopf bei Kämpfen zu schützen. Doch im Gegensatz zu anderen gepanzerten Dinosauriern war der restliche Körper von Pachycephalosaurus völlig ungeschützt. Gegen die Kiefer von Tyrannosaurus nur den Kopf zu schützen hätte wenig Sinn gemacht. Eine andere Theorie geht davon aus, dass sich die Pachycephalosaurier an ihren Kuppeln gegenseitig erkannt haben. Um den Weibchen zu imponieren, waren die Kuppeln der Männchen möglicherweise sogar prächtig gefärbt.

Die Kuppel als Waffe?

Oder diente die Kuppel doch in erster Linie als Waffe gegen Raubtiere oder andere Pachycephalosaurier? Zwar wurde ein komplettes Skelett eines Pachycephalosaurus noch nicht gefunden, doch lassen die Skelette naher Verwandter den Schluss zu, dass seine Knochen geeignet waren, den bei Kämpfen entstehenden Kräften standzuhalten. Der Kopf war wohl fest auf der Wirbelsäule durch Muskeln und Bänder verankert und das Rückgrat kräftig und fest mit den Oberschenkeln verbunden. Wenn zwei Männchen mit hohem Tempo aufeinander prallten, wurden die durch den Kopfstoß entstandenen

Erschütterungen von Kopf und Wirbelsäule aufgefangen und über die Hinterbeine zum Boden abgeleitet.

Einige Experten behaupten jedoch, dass Pachycephalosaurus seinen Schädel gar nicht als „Rammbock" benutzen konnte, da der Kuppelknochen dafür nicht stark genug gewesen sei. Sie vermuten stattdessen, dass sich die Männchen mit den Kuppeln allenfalls gegenseitig wegzudrängen versuchten, um so ihre Überlegenheit zu zeigen.

Lebten sie in Herden?

Viele Tiere kämpfen mit ihren Artgenossen. Wer gewinnt, kann Leittier einer Gruppe werden, ein bestimmtes Revier für sich beanspruchen oder sich mit einem bestimmten Weibchen paaren. Falls Pachycephalosaurus wirklich mit seinen Artgenossen kämpfte, dann wahrscheinlich aus diesen Gründen. Und wenn sie ihre Kuppeln zum gegenseitigen Erkennen oder zum Kampf untereinander benutzten, lebten sie sicherlich in Herden.

Seite an Seite mit Pachycephalosaurus lebten Ankylosaurier und Parasaurolophus. Diese Pflanzenfresser fielen wahrscheinlich alle den gigantischen Fleischfressern ihrer Zeit, Albertosaurus und Tyrannosaurus, zum Opfer.

Pachycephalosaurus

FAKTEN

Gattung: Pachycephalosaurus

Systematik: Margincephalia, Pachycephalosauria, Pachycephalosauridae

Länge: bis zu 8 m

Gewicht: 1–2 t

Zeit: Oberkreide, vor 68 bis 65 Millionen Jahren

Fundort: westliche USA, Kanada

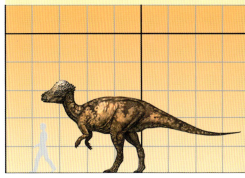

◀ Das Skelett von Pachycephalosaurus und seiner engen Verwandten war so gebaut, dass es die starken Erschütterungen aushielt, die bei den Kämpfen entstanden.

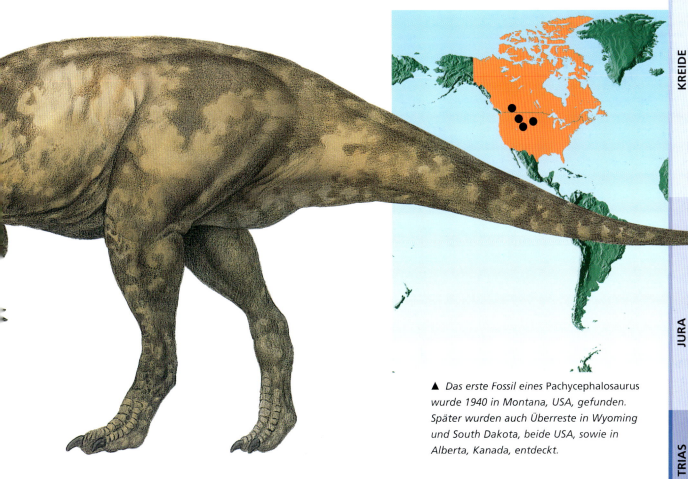

▲ Das erste Fossil eines Pachycephalosaurus wurde 1940 in Montana, USA, gefunden. Später wurden auch Überreste in Wyoming und South Dakota, beide USA, sowie in Alberta, Kanada, entdeckt.

Psittacosaurus

Obwohl ihm die beeindruckenden Hörner und Halskrausen fehlen, die man bei Triceratops, Styracosaurus und anderen Hornsauriern fand, zeigen doch viele Merkmale, dass Psittacosaurus ein frühes Mitglied dieser Gruppe war. Alle diese Dinosaurier, bekannt als Ceratopsier, besaßen vorne an den Kiefern einen scharf gebogenen Schnabel, ähnlich dem von Papageien. Der Schnabel war mit einer scharfen Hornscheide bedeckt und ideal geeignet Stängel und Blätter von Pflanzen abzuschneiden.

Der Hüftbereich von Psittacosaurus bot Ansatzstellen für die kräftigen Beinmuskeln und unterstützte auch den großen Verdauungstrakt. ▼

Die Abbildung zeigt den Bereich des Magens von Psittacosaurus. Man kann eine große Zahl kleiner Steine im Brustkorb sehen. Das sind Gastrolithen, die im Magen die Nahrung zermahlten. ▼

Den oberen Teil des Schnabels bildet ein Knochen, der nur in dieser Gruppe vorkommt. Andere Merkmale, die Psittacosaurus mit den Hornsauriern gemein hat, sind der Ansatz einer Halskrause, die aus einer kleinen am Hinterkopf hervorspringenden Knochenleiste besteht, sowie eigenartige, spitze Backenknochen. Die Funktion dieser Backenknochen ist noch unklar, aber alle Hornsaurier besitzen sie. Sie könnten bei Zweikämpfen nützlich gewesen sein, bei denen die Rivalen mit den Köpfen aufeinander losgingen. Solche Kämpfe gab es beim Streit um Weibchen oder der Revierverteidigung.

Ein eleganter Pflanzenfresser

Im Gegensatz zu den späteren Hornsauriern war Psittacosaurus ein kleines, leicht gebautes, zweibeiniges Tier. An den Händen saßen schlanke Finger, die in kleinen, scharfen Krallen endeten und zum Sammeln von Nahrung benutzt wurden. Seine langen und eleganten Hinterbeine lassen vermuten, dass er schnell laufen konnte. Psittacosaurus kaute seine Nahrung auf sehr unübliche Weise. Anstatt seine Kiefer wie eine Schere nur auf- und abwärts zu bewegen, wie andere Dinosaurier das taten, konnte er seinen Unterkiefer auch vorwärts und rückwärts bewegen und gegen den Oberkiefer drücken, um die Nahrung gründlich zu zermahlen.

Mahlsteine

Bei manchen Skeletten von Psittacosaurus fand man eine Menge kleiner, glatt polierter Steine im Bereich des Magens. Diese Steine gelangten nicht zufällig in den Magen, sondern wurden mit Absicht verschluckt. Bei Bewegungen der Magenmuskulatur wurde die Nahrung zwischen den Steinen zerrieben und konnte so leichter verdaut werden. Man nennt diese Steine Gastrolithen (siehe auch Seite 51). Psittacosaurus ist der einzige Ornithischier, von dem man ganz sicher weiß, dass er Gastrolithen benutzte. Doch es gibt Hinweise, dass auch Stegosaurus sich ihrer bediente. Gastrolithen wurden auch in Mägen von einigen Prosauropoden, Sauropoden und Theropoden gefunden. Auch viele heute lebende Vögel wie Hühner und Strauße benutzen ebenfalls Gastrolithen.

Psittacosaurus

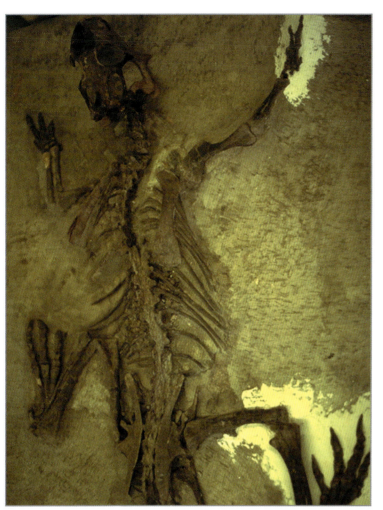

◀ Von Psittacosaurus wurden sehr viele Skelette gefunden. Einige, wie das im Bild, sind wunderbar erhalten und liefern Wissenschaftlern viele detaillierte Informationen.

FAKTEN

Gattung: Psittacosaurus

Systematik: Marginocephalia, Ceratopsia, Psittacosauridae

Länge: bis zu 2 m

Gewicht: bis zu 25 kg

Zeit: Unterkreide, vor 125 bis 97 Millionen Jahren

Fundort: Mongolei, Nord- und Westchina, Thailand, Zentralrussland

▲ Fossilien von Psittacosaurus wurden überall in Ost- und Zentralasien entdeckt. Besonders verbreitet war er in der Mongolei und im Norden Chinas.

Protoceratops

Überreste von Protoceratops wurden in den 1920er-Jahren von einer Expedition des American Museum of Natural History, New York, in der mongolischen Wüste Gobi entdeckt. Er zählt zu den ersten bekannten Hornsauriern, einer Gruppe, zu der Dinosaurier wie z. B. Triceratops gehören. Der Name Protoceratops (erstes gehörntes Gesicht) ist etwas irreführend, weil er kein echtes Horn auf dem Schädel trägt, sondern nur kleine Knochenhöcker auf der Nase und an den Wangen besitzt. Doch die knöcherne Halskrause und der „Papageienschnabel" zeigen seine Zugehörigkeit zu den Hornsauriern.

▲ Die kuriose dreieckige Form des Schädels entsteht durch die knöchernen Fortsätze an den Wangen. Sie könnten zum gegenseitigen Erkennen oder auch zur Verteidigung gedient haben.

▲ Von der Seite ist der riesige, gebogene Unterkiefer des Schnabels von Protoceratops gut zu erkennen. Seine Kiefer ähnelten einer großen Gartenschere.

Protoceratops war primitiver als die meisten anderen – viel größeren – Hornsaurier. Er hatte einen tonnenförmigen Körper, der vermutlich dem eines sehr großen Schweines ähnelte, aber über den Hüften stark gekrümmt war. Protoceratops besaß starke, gerade Hinterläufe mit großen Füßen. Einige Wissenschaftler glaubten zunächst, dass seine Vorderbeine wie bei modernen Reptilien zur Seite abgewinkelt gewesen wären. Das hätte Protoceratops zu einer geduckten Haltung gezwungen. Inzwischen nehmen viele Experten an, dass seine Vorderbeine genau wie die hinteren unter dem Körper saßen, sodass er seinen Kopf stets gut hochhalten konnte.
Man hat Skelette von Neugeborenen, Jungtieren und erwachsenen Tieren gefunden und konnte deshalb einzelne Stadien des Wachstums von Protoceratops nachvollziehen. Während die jungen Tiere heranwuchsen, so stellte man fest, wurden ihre Gesichter tiefer und kürzer, ihre Mäuler breiter und die Knochenkrausen breiter und größer.

Lebensweise wie die Schweine

Der breite Brustkorb beherbergte einen großen Magen, der riesige Mengen pflanzlicher Nahrung verdauen konnte. Wegen der Ähnlichkeit mit heutigen Schweinen vermuten einige Wissenschaftler, dass Protoceratops auch wie diese lebte und im Boden wühlte und scharrte, um Wurzeln, Knollen oder andere nahrhafte Pflanzen zu finden. Vielleicht hat er sich tatsächlich so verhalten, jedoch weisen seine beeindruckenden Zähne und der Papageienschnabel darauf hin, dass er auch wesentlich härtere Nahrung zu sich nehmen konnte als heutige Schweine.

Verteidigung der Jungtiere

Der kräftige gedrungene Schnabel machte Protoceratops zu einem ernst zu nehmenden Verteidiger seines Geleges und seiner Jungen. Ein bemerkenswertes Fossil zeigt die ineinander verschlungenen Überreste eines Protoceratops und eines Velociraptors. Vermutlich sind beide gestorben, während sie miteinander kämpften und dabei von einem Sandsturm überrascht wurden. Viele Nester, die man in der Mongolei fand, hatte man früher Protoceratops zugerechnet. Heute weiß man, dass die meisten dieser Nester von dem Theropoden Oviraptor stammen.

FAKTEN

Gattung: Protoceratops

Systematik: Marginocephalia, Ceratopsia, Protoceratopsidae

Länge: 2,4 m

Gewicht: 177 kg

Zeit: Oberkreide, vor 80 bis 73 Millionen Jahren

Fundort: Mongolei, China

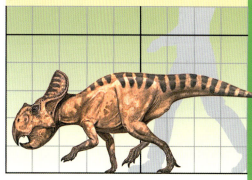

◄ Wenn die Schneidekante eines Zahns abgenutzt war, wurde er ausgestoßen und durch den darunter sitzenden Zahn ersetzt. Auf diese Weise besaß Protoceratops immer ein scharfes Gebiss.

Protoceratops

▲ Protoceratops wurde in Ostasien, in der Mongolei und in China gefunden.

Chasmosaurus

Chasmosaurus, ein mittelgroßer bis großer Hornsaurier, besaß einen der größten Schädel aller Landtiere, die je lebten. Der Schädel wurde über 2 m lang, das entsprach etwa einem Viertel der gesamten Körperlänge. Die vielen verschiedenen Arten des Pflanzenfressers Chasmosaurus unterscheiden sich durch die Anordnung der Hörner und die Ausrichtung der Halskrause. Da in Knochengräbern Überreste mehrerer Einzeltiere gefunden wurden, liegt es nahe, dass Chasmosaurus wohl in Herden lebte.

Dieser Schädel eines Chasmosaurus hat ein kleines Nasenhorn und Brauenhörner von mittlerer Größe. Beachte die großen Öffnungen in der Halskrause! Die Funktion dieser Öffnungen, auch Fenster genannt, ist unbekannt. Jedenfalls war der schwere Schädel durch sie leichter. Von den großen Öffnungen leitet Chasmosaurus seinen Namen ab: Chasma bedeutet tiefes Loch oder Spalte. ▼

Alle Chasmosaurus-Arten besaßen ein kleines Nasenhorn sowie zwei Brauenhörner, die sich jedoch in ihrer Größe beträchtlich unterschieden. Einige Arten hatten kleine Brauenhörner, die nur als spitze Knochenhöckerchen über den Augen saßen. Andere dagegen besaßen längere Brauenhörner, die aber nicht so gewaltig waren wie die anderer Hornsaurier, z. B. die von Triceratops. Bei allen Chasmosaurusarten bildeten die Halskrausen breite, schildähnliche Strukturen. Es fehlten ihnen aber die beeindruckenden Dornen von Styracosaurus und Pachyrhinosaurus. An den Ecken der Halskrause konnten gelegentlich ein oder zwei kleine Dornen sitzen. Die fortschrittlichen Hornsaurier, die Ceratopsiden, werden in zwei Gruppen unterteilt. Chasmosaurier wie Chasmosaurus besaßen lange Halskrausen, während Centrosaurier wie Pachyrhinosaurus sehr viel kürzere hatten. Auch wenn alle Ceratopsier zusammen als Hornsaurier bezeichnet werden, hatten nur die Ceratopsiden große Hörner.

Den Kopf unterstützen

Man ist sich einig, dass die Hinterbeine eines Hornsauriers wie gerade Pfeiler unter dem Körper saßen. Über die Haltung der Vorderbeine gibt es dagegen einige Diskussionen. Manche Wissenschaftler glauben, dass die Vorderbeine wie bei Echsen und Krokodilen zur Seite abstanden. Wäre dies der Fall gewesen, könnte man sich nur schwer vorstellen, wie Chasmosaurus und seine Verwandten das massive Gewicht ihrer riesigen, gehörnten Schädel getragen haben sollten. Wahrscheinlicher ist, dass auch die Vorderbeine gerade unter dem Körper saßen, weil dadurch das Tragen des Kopfes sehr viel leichter wurde. Diese Auffassung wird durch die gefundenen Fährten der Tiere bestätigt. Bei abgespreizten Beinen müssten die Fährten der Hornsaurier sehr breit sein. Tatsächlich sind sie jedoch sehr schmal und zeigen, dass sich die Vorderbeine direkt unterhalb des Körpers befanden.

Eine nordamerikanische Gruppe

Fossile Überreste von Ceratopsiern sind nur aus Zentralasien und Nordamerika bekannt. Die primitivsten Ceratopsier wie Psittacosaurus lebten während der Unterkreide in China und der Mongolei. Vermutlich entwickelte sich diese Art zuerst in Asien. Man hat herausgefunden, dass

FAKTEN

Gattung: Chasmosaurus

Systematik: Marginocephalia, Ceratopsia, Ceratopsidae

Länge: bis zu 8 m

Gewicht: 1,5–2 t

Zeit: Oberkreide, vor 76 bis 73 Millionen Jahren

Fundort: Texas, USA, und Alberta, Kanada

◄ *Dieses Skelett wurde so rekonstruiert, dass alle Beine direkt unter dem Körper sitzen. So hätte sich das Körpergewicht gleichmäßig auf die Beine verteilt und der massige Schädel wäre leichter zu tragen gewesen. Für einen Ceratopsier war* Chasmosaurus *leicht gebaut und er konnte wahrscheinlich schnell laufen.*

▲ Chasmosaurus *war während der Oberkreide in ganz Nordamerika verbreitet.*

in der Oberkreide zwischen Ostasien und Nordamerika eine Landbrücke existierte. Wahrscheinlich wanderten einige Ceratopsier in dieser Zeit von Asien nach Nordamerika. Aus ihnen entwickelten sich die fortschrittlichen Ceratopsiden wie Chasmosaurus und Triceratops. In Asien wurden bis heute keine Ceratopsiden entdeckt, sodass diese besondere Gruppe vermutlich ausschließlich in Nordamerika lebte.

Wandernde Herden?
Chasmosaurus wurde im kanadischen Alberta in großen Knochengräbern gefunden. Die Gräber enthielten die Überreste von bis zu hundert Einzeltieren. Knochengräber entstehen, wenn Tiere plötzlich von einer Katastrophe wie Hochwasser oder dem Ausbruch eines Vulkans überrascht werden. Untersuchungen der Knochengräber von Chasmosaurus zeigten, dass sie durch eine Flutwelle entstanden waren. Vermutlich kam eine große Herde um, als sie versuchte einen Fluss zu durchqueren. Ähnliche Ereignisse gibt es noch heute. Gnus z. B., die mit ihren Herden durch die afrikanische Steppe ziehen, müssen häufig große Flüsse durchqueren. Bei Hochwasser ertrinken manche Gnus und die Kadaver werden vom Wasser bis an eine Stelle mitgerissen, an der sie angetrieben werden und sich sammeln. Die Knochengräber von Chasmosaurus könnten darauf hinweisen, dass diese Hornsaurier wandernd große Entfernungen zurücklegten. Jedoch ist das schwer zu beweisen.

Chasmosaurus

Eine Gruppe heranstürmender Chasmosaurier war auch für die größten Raubtiere ein Furcht erregender Anblick. Chasmosaurus war größer als ein heutiges Nashorn!

Pachyrhinosaurus

FAKTEN

Gattung: Pachyrhinosaurus

Systematik: Marginocephalia, Ceratopsia, Ceratopsidae

Länge: 7 m

Gewicht: 4 t

Zeit: Oberkreide, vor 73 bis 65 Millionen Jahren

Fundort: Alaska, USA, und Kanada

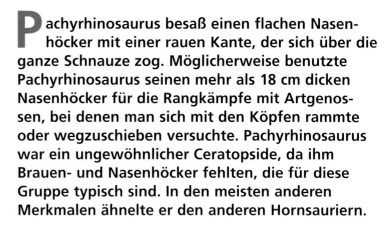

Pachyrhinosaurus besaß einen flachen Nasenhöcker mit einer rauen Kante, der sich über die ganze Schnauze zog. Möglicherweise benutzte Pachyrhinosaurus seinen mehr als 18 cm dicken Nasenhöcker für die Rangkämpfe mit Artgenossen, bei denen man sich mit den Köpfen rammte oder wegzuschieben versuchte. Pachyrhinosaurus war ein ungewöhnlicher Ceratopside, da ihm Brauen- und Nasenhöcker fehlten, die für diese Gruppe typisch sind. In den meisten anderen Merkmalen ähnelte er den anderen Hornsauriern.

Überreste von Pachyrhinosaurus wurden in den kalten Ödländern und Tundren Nordamerikas entdeckt. In der Oberkreide herrschte dort ein warmes, angenehmes Klima. ▼

Einige Wissenschaftler vermuten, dass auf dem Nasenhöcker einst ein Horn aus Keratin saß. Diese Substanz, aus der die Hörner der heutigen Nashörner bestehen, versteinert jedoch gewöhnlich nicht, sodass die Theorie kaum zu überprüfen ist.

Halskrause, Stachel und Dornen

Die Halskrause von Pachyrhinosaurus war mit charakteristischen Stacheln und Dornen geschmückt. Zwei große, gekrümmte Stachel ragten von der oberen Kante nach hinten und aus der Mitte der Halskrause oberhalb der Augen drang ein weiterer Stachel. Wahrscheinlich konnte Pachyrhinosaurus daran seine Artgenossen erkennen. Die Halskrause besaß zwei große Öffnungen, wie sie auch viele andere Hornsaurier aufwiesen. Zunächst glaubte man, dass an den Kanten dieser Öffnungen große Kiefermuskeln ansetzten. Diese Theorie wurde inzwischen verworfen. Zwar ist die Funktion der Öffnungen noch unklar, aber sicher halfen sie das Schädelgewicht zu reduzieren. Der Schädel war ungefähr 2 m lang und extrem schwer.

Styracosaurus

FAKTEN

Gattung: Styracosaurus

Systematik: Marginocephalia, Ceratopsia, Ceratopsidae

Länge: 5,5 m

Gewicht: 3 t

Zeit: Oberkreide, vor 80 bis 73 Millionen Jahren

Fundort: Alberta, Kanada, und Montana, USA

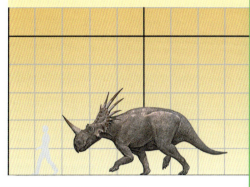

Wie andere fortschrittliche Hornsaurier war Styracosaurus ein vierbeiniger Pflanzenfresser mit einem massigen Körper. Er unterschied sich von anderen Arten wie Triceratops und Chasmosaurus durch seine knöcherne Halskrause und deren Stacheln. Von der oberen Kante der Halskrause ragten sechs lange Stacheln nach hinten. An den seitlichen Kanten saßen kleinere Exemplare. Er besaß ein einziges, großes Nasenhorn, jedoch keine Brauenhörner.

Die knöcherne Halskrause bot dem Nacken von Styracosaurus zwar einen gewissen Schutz vor Raubsauriern, die diese empfindliche Stelle gern ins Visier nahmen. Sie war jedoch nicht hart genug und wäre bei einem Angriff wohl zerstört worden. Wahrscheinlich benutzte Styracosaurus die Halskrause mit den Stacheln eher für das Imponiergehabe während der Paarungszeit oder bei der Verteidigung des Reviers gegen Artgenossen.

◀ *Dieses Skelett von Styracosaurus zeigt deutlich die ausgeprägten Strukturen des Schädels.*

Farbige Halskrause?

Vielleicht war die Halskrause sogar prächtig gefärbt. Einige Wissenschaftler vermuten, dass Styracosaurus die Farbe wechseln konnte, ähnlich wie ein Chamäleon seine Hautfarbe wechselt.

Solche Farbwechsel könnte er beim Angriff auf Rivalen benutzt haben oder um Raubsaurier zu verwirren und zu erschrecken. Für diese Theorien gibt es jedoch bislang keine Beweise.

Skelette von Styracosaurus sind aus Alberta und Montana im Westen Nordamerikas bekannt. ▶

Triceratops

Er war der größte der prächtigen Hornsaurier, die im letzten Abschnitt der Oberkreide lebten. Bisher wurde noch kein vollständiges Skelett von Triceratops ausgegraben. Jedoch zeigt die Entdeckung zahlreicher Schädel, Hörner und Zähne, dass er einer der verbreitetsten Dinosaurier jener Zeit war.

Schnabel und Zähne von Triceratops waren nicht besonders geeignet Pflanzen zu kauen, aber sie waren ideal, um sie abzubeißen. Wahrscheinlich ernährte er sich von Palmfarnen, Farnen und Palmblättern. Mit seinen beeindruckenden Hörnern konnte er sich gut verteidigen und einem Angreifer schlimme Wunden zufügen. ▼

Aus dem Schädel von Triceratops ragten drei Hörner – ein kurzes Horn auf der Nase und zwei über den Augenbrauen. Zusätzlich besaß er eine beeindruckende Knochenkrause, die bis zu 2 m groß sein konnte und sich vom Hinterkopf über den Hals erstreckte. Die Schnauze mündete in einem gebogenen Papageienschnabel, der mit Hornhaut überzogen war. Sein imponierender Schädel maß 1,5 m im Durchmesser – einer der größten Schädel aller Landtiere.

Funktion der Halskrause

Viele Wissenschaftler glauben, dass die Halskrause den Hals von Triceratops vor Angriffen der großen Fleischfresser wie Tyrannosaurus schützen sollte. Das könnte durchaus ihre Funktion gewesen sein, jedoch wurden etliche Halskrausen gefunden, die Bissspuren von Tyrannosaurus aufwiesen und sogar durchlöchert waren. Einige Wissenschaftler glauben, dass die Halskrause bei Kämpfen um Weibchen, Reviere oder den Rang in der Gruppe eine Rolle spielte. Mit ihr wollte Triceratops seinen Rivalen imponieren und sie einschüchtern. Möglicherweise war sie sogar prächtig gefärbt. Das werden wir allerdings nie genau wissen, weil Farben in Fossilien gewöhnlich nicht erhalten blieben.
Eine andere Auffassung besagt, dass mit der Halskrause die Körpertemperatur reguliert werden konnte.

Lebensweise wie ein Nashorn?

Triceratops hatte einen korpulenten, tonnenförmigen Körper mit sehr kräftigen Hinterbeinen, die das Gewicht des schweren Körpers tragen mussten. Vermutlich konnte Triceratops deshalb auch nicht besonders schnell laufen. Äußerlich ähnelte Triceratops sehr den Nashörnern. Vielleicht lebte er auch wie sie, verbrachte die meiste Zeit mit der Nahrungssuche und wehrte sich, wann immer Gefahr drohte, mit seinen eindrucksvollen Hörnern.

Kräftige Kiefer

Triceratops hatte wie die Entenschnabelsaurier auf seinen Kiefern dicht gepackte Zahnreihen, die Zahnbatterien bildeten. Er konnte die Kiefer scherenartig bewegen und mit seinen Zahnbatterien harte Pflanzen auch seitlich abbeißen und in kurze Stücke zerkleinern.

FAKTEN

Gattung: Triceratops

Systematik: Marginocephalia, Ceratopsia, Ceratopsidae

Länge: 9 m

Gewicht: bis zu 6 t

Zeit: Oberkreide, vor 68 bis 65 Millionen Jahren

Fundort: USA (Wyoming, Montana, South Dakota, Colorado) und Kanada (Alberta, Saskatchewan)

◀ Sein riesiger Körper beherbergte einen enormen Magen, mit dem er die harten, faserigen Pflanzen verdaute, die er fraß.

▲ Überreste von Triceratops wurden überall im Westen Nordamerikas gefunden.

Hypsilophodon

Hypsilophodon war einer der kleinsten Dinosaurier, ausgewachsene Tiere wurden nur etwa zwei Meter lang. Er war ein friedlicher Pflanzenfresser, dessen Kopf kaum größer als eine Kinderhand war. In seinen Kiefern saß eine Reihe gerillter, blattförmiger Zähne, mit denen er sehr gut Blätter oder andere Pflanzenteile abbeißen konnte. Außerdem besaß Hypsilophodon vorne am Maul einen Hornschnabel, der dem von Schildkröten ähnelte.

Mit Hilfe seines schildkrötenähnlichen Schnabels und den blattförmigen Zähnen konnte Hypsilophodon *hervorragend Pflanzenteile zerkleinern.* Hypsilophodon *besaß große Augenhöhlen. Jede enthielt einen Ring winzig kleiner Knochen, wie man sie bei vielen Dinosauriern und Vögeln fand. Wahrscheinlich dienten sie dazu, die Augen genau auszurichten.* ▼

Den meisten Echsen fehlten Backentaschen, doch Hypsilophodon – und einige andere Dinosaurierarten – besaßen solche fleischigen Backentaschen, in denen sie Nahrung während des Kauens aufbewahren konnten. Große Hohlräume im hinteren Schädel boten ausreichend Platz für die Ansätze der kräftigen Kiefermuskulatur.

Den Raubtieren entfliehen

Hypsilophodon besaß lange, schlanke und leichte Beinknochen. An seinen langen Hinterbeinen saßen große Oberschenkelmuskeln, die ihm ermöglichten schnell zu laufen und bei Spitzengeschwindigkeiten Haken zu schlagen. Durch diese Muskulatur sahen seine Hinterbeine wie eine Miniaturausgabe der Beine großer heutiger Laufvögel aus, z. B. des afrikanischen Straußes oder des australischen Emus. Hypsilophodon hielt seinen Körper, der an den Hüften perfekt ausbalanciert war, nahe über dem Boden: eine ideale Haltung zum Drehen und Wenden und um den Feinden zu entfliehen. Eine Hilfe für scharfe Wendemanöver war der lange steife Schwanz, den er als „Balancierstange" benutzte.

Schneller Läufer

Alle diese Merkmale deuten darauf hin, dass Hypsilophodon ein kleiner, schneller Läufer war. Er ist am ehesten mit den heutigen Gazellen in Afrika zu vergleichen: Auch sie sind Pflanzenfresser, die ihr Heil in der Flucht suchen.

Kletternder Dinosaurier?

Als Wissenschaftler erstmals die Fußknochen von Hypsilophodon untersuchten, kamen sie zu dem Ergebnis, dass sie denen von Klettertieren wie z. B. Affen glichen. Daher zeigten frühere Rekonstruktionen Hypsilophodon im Geäst von Bäumen sitzend. Inzwischen wissen wir, dass diese Theorie falsch war. Ausführlichere Untersuchungen der Fußknochen belegen nun, dass er mit seinen Zehen Äste nicht umklammern und damit auch nicht klettern konnte.

Hypsilophodon

FAKTEN

Gattung: Hypsilophodon

Systematik: Ornithopoda, Euornithopoda, Hypsilophodontidae

Länge: bis zu 2 m

Gewicht: bis zu 25 kg

Zeit: Unterkreide, vor 125 bis 119 Millionen Jahren

Fundort: England, Spanien und möglicherweise in den USA

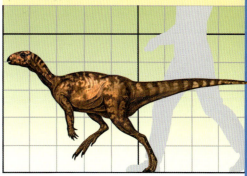

◀ Die langen, schlanken Hinterläufe von Hypsilophodon ermöglichten ihm Feinden wie dem Fleisch fressenden Altispinax schnell zu entfliehen.

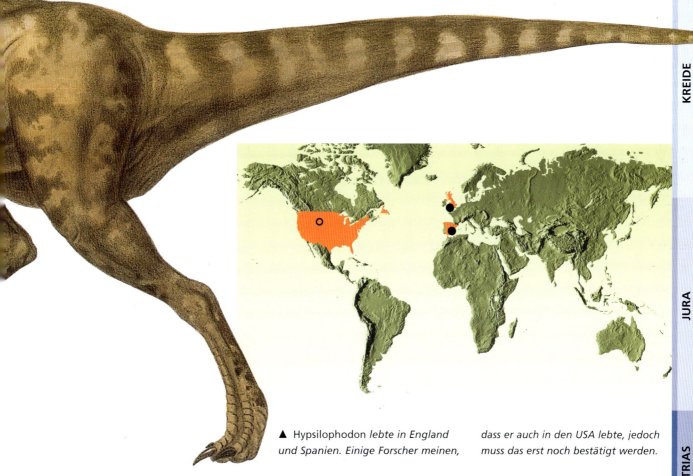

▲ Hypsilophodon lebte in England und Spanien. Einige Forscher meinen, dass er auch in den USA lebte, jedoch muss das erst noch bestätigt werden.

Hypsilophodon

Hypsilophodon war ein kleiner, schnell laufender Dinosaurier. Er lebte während der Unterkreide in den Wäldern von England und Spanien und ernährte sich von Pflanzen.

Camptosaurus

Camptosaurus war gut angepasst, um sich von den harten Pflanzen, die im Oberen Jura und der Unterkreide wuchsen, zu ernähren. Sein Unterkiefer war mit mehreren Reihen raukantiger Zähne bestückt, die bestens geeignet waren Pflanzen zu zerkleinern und zu zermahlen.

An den Zahnkanten saßen viele kleine Dornen, die Blätter und Stängel leicht durchbohrten. Weil die Pflanzen so hart waren, nutzten sich die Zähne ab, bis sie fast ganz flach waren. Camptosaurus besaß am Ende seines langen, schmalen Kopfes einen breiten Hornschnabel, mit dem er die Pflanzen abbiss.

Unterstützung des Rückens

Sehnen gleichen zähen Bändern, die die Muskeln mit den Knochen verbinden. Es gibt sie in allen Körperteilen. So auch im Rücken, wo sie das Rückgrat stärken. Camptosaurus besaß im Rücken viele lange Sehnen. Bei den meisten Tieren bestehen die Sehnen aus einem weichen, aber starken Material: dem Kollagen. Auch die Sehnen eines jungen Camptosaurus bestanden daraus. Nach und nach verknöcherte das Kollagen jedoch während des Wachstums.

▲ Viele raue Zähne ermöglichten es Camptosaurus, harte Pflanzen zu zermahlen.

▲ Ein Netz verknöcherter Sehnen stabilisierte den Rücken.

Aufrichten und Bücken

Camptosaurus war ein mehr massiges Tier, da er einen großen Magen zum Verdauen der riesigen Mengen von Blättern, Trieben und Zweigen hatte. Er besaß lange, kräftige Hinterbeine und eher kleine Arme. Daher lief er wahrscheinlich auf den beiden Hinterbeinen. Auch wenn seine Arme zum Laufen nicht stark genug erscheinen, waren seine Handgelenke so geformt, dass sie das Körpergewicht bei Bedarf mittragen konnten. Auf diese Weise konnte sich Camptosaurus auch von Pflanzen ernähren, die am Boden wuchsen: Er bückte sich und stützte sich für kurze Zeit auf seinen Armen ab. Aber Camptosaurus konnte sich auch auf seinen Hinterbeinen aufrichten, um die saftigen Sprösslinge an den Zweigspitzen in größerer Höhe zu erreichen. Sein langer, schwerer Schwanz diente dabei als Gegengewicht zum übrigen Körper.

Die Sehnen eines ausgewachsenen Camptosaurus glichen dann einem Netz aus sehr langen, dünnen Knochen. Diese Knochenstäbchen verstärkten die Wirbelsäule, stabilisierten den Rücken und halfen Camptosaurus so das Gleichgewicht zu bewahren, wenn er auf zwei Beinen lief.

Camptosaurus

FAKTEN

Gattung: Camptosaurus

Systematik: Ornithischia, Euornithopoda, Camptosauridae

Länge: bis zu 6 m

Gewicht: bis zu 4 t

Zeit: Oberer Jura und Unterkreide, vor 156 bis 138 Millionen Jahren

Fundort: USA, England

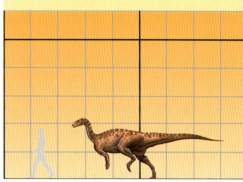

◄ Camptosaurus konnte auf zwei Beinen laufen, weil seine Hinterbeine lang und seine Arme kurz waren. Aber da er schwer war, konnte er wohl nicht sehr schnell laufen.

▲ Überreste von Camptosaurus wurden in den westlichen USA und in Südengland gefunden. Daraus kann man schließen, dass Nordamerika und Europa während des Oberen Juras durch eine Landbrücke miteinander verbunden waren.

Camptosaurus

Der Pflanzenfresser Camptosaurus versucht vor einem angreifenden Allosaurus zu fliehen. Camptosaurus konnte sich kaum verteidigen und war auch kein schneller Läufer.

Ouranosaurus

FAKTEN

Gattung: Ouranosaurus

Systematik: Ornithopoda, Euornithopoda, Iguanodontia

Länge: 7 m

Gewicht: bis zu 2 t

Zeit: Unterkreide, vor 102 bis 97 Millionen Jahren

Fundort: Niger

Im Oberen Jura war eine Ornithopodenart, die Iguanodontiden, fast überall auf der Welt verbreitet. Als sich jedoch der Superkontinent Pangaea zu teilen begann, wurden Gruppen dieser Dinosaurier auf verschiedenen Kontinenten isoliert und entwickelten Körperstrukturen, die sich von den anderen unterschieden. Eine isolierte afrikanische Form war Ouranosaurus. Auf seinem Rücken saß entlang der Wirbelsäule ein großes Segel, das diesen Dinosaurier von anderen Iguanodontiden wie z. B. Iguanodon unterschied.

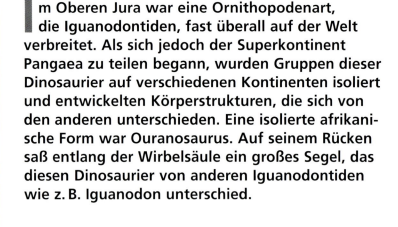

Ouranosaurus wurde 1966 in dem Teil der Sahara entdeckt, der zu Niger in Westafrika gehört. ▼

Ouranosaurus lief auf seinen Hinterbeinen. Seine Vorderbeine waren jedoch lang genug und mündeten in hufartigen Klauen, sodass er wahrscheinlich auch auf vier Beinen gehen oder stehen konnte. Der gestreckte Schädel verjüngte sich zu einer breiten, flachen Schnauze, die zu Lebzeiten einen Hornschnabel besaß. Große Zähne und kräftige Kiefermuskeln halfen ihm beim Kauen von Pflanzen.

Von der Wirbelsäule standen knöcherne Fortsätze ab, die das charakteristische Segel bildeten und zu Lebzeiten mit Haut überzogen waren. Das Segel funktionierte vermutlich wie die Platten von Stegosaurus als Wärmetauscher. Wenn es Ouranosaurus zu kalt war, konnte er Blut durch die Haut des Segels pumpen. Dabei nahm das Blut Wärme auf, floss dann zurück in den Körper und erwärmte ihn.

Umgekehrt konnte das Blut über das Segel auch Wärme an seine Umgebung abgeben. Einige andere Dinosaurier wie der Theropode Spinosaurus (Dornenechse) und der Sauropode Rebbachisaurus (Rebbachs Echse) besaßen ähnliche Rückensegel.

Tenontosaurus

FAKTEN

Gattung: Tenontosaurus

Systematik: Ornithopoda, Hypsilophodontidae (?)

Länge: bis zu 6,5 m

Gewicht: bis zu 1 t

Zeit: Unterkreide, vor 119 bis 113 Millionen Jahren

Fundort: USA

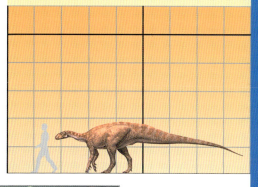

Im Verhältnis zu seiner gesamten Länge besaß Tenontosaurus wahrscheinlich den längsten Schwanz aller Dinosaurier. Er war fast viermal so lang wie der Rumpf und konnte über 4 m lang werden. Der Schwanz war sehr muskulös, außerordentlich stark und wurde durch viele Sehnen verstärkt, die an den Rücken- und Schwanzknochen entlangliefen. Diese Sehnen verknöcherten mit zunehmendem Alter der Tiere. Die Wissenschaft ist sich noch nicht einig, welchen Platz Tenontosaurus in der Familie der Ornithopoden einnimmt.

Dieser friedliche Pflanzenfresser besaß einen kurzen, gedrungenen Körper mit langen Hinterbeinen und konnte auf zwei oder vier Beinen laufen. Als Zweibeiner konnte er schneller laufen und wahrscheinlich benutzte er alle vier Beine nur, wenn er stand, sich langsam bewegte oder niedrige Pflanzen abgraste. Die langen, kräftigen Arme endeten in breiten Händen mit fünf Fingern, die er einsetzen konnte, um sein Körpergewicht abzustützen. Dicht bei Skeletten von Tenontosaurus wurden häufig Zähne des Theropoden Deinonychus gefunden. War Tenontosaurus eine bevorzugte Beute der kleinen, im Rudel jagenden Raubsaurier?

Unbestimmte Verwandtschaft

Wegen des großen Körpers und der langen Schnauze hat man Tenontosaurus zunächst mit Iguanodon verglichen. Später wurde seine Ähnlichkeit mit einem riesigen Hypsilophodon erkannt. Bis heute ist die verwandtschaftliche Beziehung von Tenontosaurus zu den anderen Ornithopoden ungeklärt.

◀ Dieses Skelett zeigt sehr gut die Struktur des langen, knöchernen Schwanzes.

Fossilien von Tenontosaurus *wurden in westlichen und südlichen Staaten der USA entdeckt.* ▼

Iguanodon

Iguanodon war einer der ersten Dinosaurier, der entdeckt wurde. Erste Überreste wurden in den 1820er-Jahren in England gefunden. Wissenschaftler rekonstruierten zuerst ein großes, schwerfälliges Tier, das auf allen vieren lief und einen Dorn auf der Nasenspitze besaß. Nachdem immer mehr Skelette freigelegt wurden, stellte sich heraus, dass Iguanodon doch wesentlich leichter war, als zunächst angenommen.

Der Name Iguanodon bedeutet „Zahn eines Leguans". Ein Leguan ist eine heute lebende, Pflanzen fressende Echse. Den Namen erhielt Iguanodon, nachdem der erste Zahn entdeckt worden war, der wie der Zahn eines Riesenleguans aussah. Beachte die sägeblattartigen Zacken an der vorderen und hinteren Kante des Zahns! ▼

Kiefermuskeln hinterlassen Narben an den Schädelstellen, an denen sie einst ansetzten. Daher kann man die Kiefermuskeln eines ausgestorbenen Tieres rekonstruieren. Werden auch noch Haut und Augen nachgebildet, können wir uns ein Bild machen, wie das Tier einmal ausgesehen hat. ▼

Die Wissenschaftler grübelten lange darüber, wie sich Iguanodon fortbewegt haben könnte. Rekonstruktionen zeigten ihn dann in kerzengerader Haltung auf den Hinterbeinen stehend. Mit dem langen Schwanz stützte er sein Körpergewicht ab, sodass Iguanodon einem riesigen Känguru ähnelte. Erst in den 1980er-Jahren erkannte man, dass der Schwanz beträchtlich kürzer gewesen sein muss, damit sich Iguanodon aufrecht gehalten haben konnte.

Auf allen vieren – oder nur auf zwei Beinen?

Heute weiß man auch, dass der Schwanz hinter dem Körper gerade gehalten wurde, um das Gleichgewicht zu bewahren. So blieb auch die Wirbelsäule gerade. Das bedeutet, dass Iguanodon nicht nur allein auf seinen Hinterbeinen, sondern auch auf allen vieren laufen konnte. Die Struktur der Hand unterstützt diese Annahme: Die drei mittleren Finger sind kräftig gebaut und mit Hufen versehen. Die Rippen sind ebenfalls schwer und verstärkt.

„Nasendorn"

Der so genannte „Nasendorn" sitzt tatsächlich am Ende des Daumens, der vom Rest der Hand absteht. Der Dorn bildete wohl eine nützliche Waffe gegen angreifende Raubtiere.

Kautechnik

Iguanodon war ein Pflanzenfresser und seine Kiefer und Zähne dafür angepasst. Der Kiefer mündete in einen breiten Schnabel, mit dem Iguanodon die Pflanzen abbiss, und war mit vielen parallelen Zahnreihen besetzt. Die Zähne bildeten eine breite Fläche zum Schneiden und Zermahlen. Beim Schließen der Kiefer passten die oberen und unteren Zähne genau aufeinander. Dank eines besonderen Gelenks im Schädel konnte der Oberkiefer seitwärts über die Zähne des Unterkiefers gleiten. Das ermöglichte es Iguanodon, Pflanzen sehr gründlich zu zermahlen. Er besaß fleischige Backentaschen, die beim Kauen Teile der Nahrung aufnehmen konnten.

Iguanodon

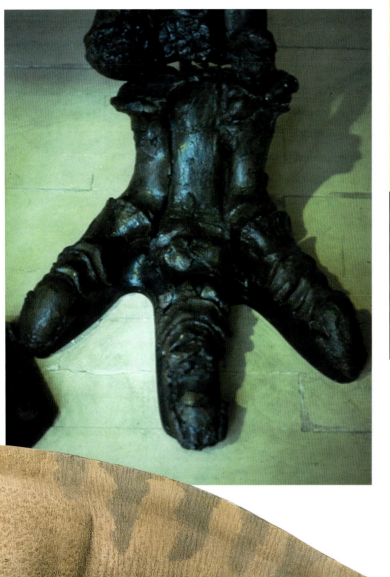

FAKTEN

Gattung: Iguanodon

Systematik: Ornithopoda, Euornithopoda, Iguanodontia, Iguanodontidae

Länge: bis zu 10 m

Gewicht: 4–5 t

Zeit: Unterkreide, vor 140 bis 97 Millionen Jahren

Fundort: Europa, USA und Mongolei

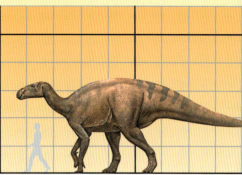

◀ Beim dreizehigen Fuß des Iguanodons trugen die dicken, kräftigen Knochen das Gewicht. Jeder Zeh lief in eine stumpfe Klaue aus. Die Zehenspitzen wurden auf dem Boden gehalten, während die längeren Fußknochen mehr aufrecht standen. Daher handelte es sich bei Iguanodon vermutlich um einen Zehengänger.

▲ Iguanodon war während der Unterkreide weit verbreitet. Sein Lebensraum reichte von den mittleren Vereinigten Staaten über Europa, wo er besonders in England, Deutschland, Spanien und Belgien vorkam, bis in die Mongolei nach Ostasien.

Iguanodon

Iguanodon war der verbreiteteste Pflanzenfresser während der Unterkreide. Hier zieht eine Iguanodon-Herde durch sumpfige Wälder, die zu jener Zeit England bedeckten.

Maiasaura

Maiasaura gehört zu den Hadro- oder Entenschnabelsauriern, deren typisches Merkmal der flache, zahnlose Hornschnabel vorn an der Schnauze ist. Maiasaura lebte und nistete an den Ufern eines antiken Meeres, dass sich in der Kreidezeit über das mittlere Nordamerika erstreckte. Nachdem Wissenschaftler eine große Anzahl von Fossilien aus unterschiedlichen Altersstufen und auch versteinerte Brutstätten entdeckt hatten, konnten sie das Sozialverhalten und die Entwicklung von Maiasaura erforschen.

Maiasaura wurde erstmals 1978 entdeckt, als 15 Jungtiere und ein versteinertes Nest in Montana (USA) ausgegraben wurden. Diese Tiere waren ungefähr 1 m lang und etwa vier Wochen alt, als sie starben. Hüftknochen und Wirbelsäule der Jungtiere waren noch nicht fest miteinander verbunden und die Beinknochen noch nicht voll ausgebildet: Sie konnten zu diesem Zeitpunkt also noch nicht richtig laufen. Ihre Zähne waren jedoch schon abgenutzt. Offenbar hatten sie bereits einige Zeit lang Pflanzen gefressen, die von den Elterntieren beschafft worden waren. Die Jungen, so der Schluss daraus, wurden für eine gewisse Zeit von den Alten in ihren Nestern versorgt.

Schnelles Wachstum

Seit diesen frühen Ausgrabungen wurden weitere Fossilien von Maiasaura gefunden, aus denen man verschiedene Stadien im Leben eines heranwachsenden Maiasaura identifiziert hat. Frisch geschlüpfte Tiere waren weniger als einen halben Meter lang. Sie blieben ein bis zwei Monate im Nest und wuchsen in diesem Stadium rasch. Das schnelle Wachstum setzte sich fort, bis sie ein oder zwei Jahre alt und mehr als 3 m lang waren. Von diesem Zeitpunkt an verlangsamte sich ihre Entwicklung. Maiasaura war mit sechs oder acht Jahren ausgewachsen. Da waren sie bis zu 7 m groß. Dieses schnelle Wachstum übertrifft das heute lebender Echsen und gleicht eher demjenigen heutiger warmblütiger Vögel und Säugetiere. Daraus schließen einige Wissenschaftler, dass Maiasaura ein Warmblüter war.

Fossile Knochengräber

Einige Fossilien von Maiasaura wurden in Knochengräbern entdeckt, das sind fossile Ablagerungen, die Überreste von mehreren hundert Einzeltieren enthielten. Einige dieser Gebiete erstrecken sich über viele Kilometer. Man nimmt an, dass die Tiere nach einem Vulkanausbruch plötzlich verendeten.

Die fossilen Nester lieferten sehr viele Informationen über das Familienleben der Maiasaura. Die großen schüsselförmigen Erdnester haben einen Durchmesser von mehr als einem Meter. ▼

Die große Zahl der Skelette in den Gräbern lässt den Schluss zu, dass Maiasaura in Herden umherzog.

FAKTEN

Gattung: Maiasaura

Systematik: Ornithopoda, Iguanodontia, Hadrosauridae

Länge: 7–9 m

Gewicht: 2–3 t

Zeit: Oberkreide, vor 80 bis 73 Millionen Jahren

Fundort: Montana, westliche USA

Mit seinem „Entenschnabel" konnte Maiasaura Blätter und Zweige abrupfen und Nahrung zum Nest bringen. Zwischen den Augen saß ein kleiner Kamm auf dem Schädel, der jedoch längst nicht so ausgeprägt war wie bei Parasaurolophus und Lambeosaurus. *Die Hinterbeine, die das Körpergewicht trugen, waren länger als die Vorderbeine. Der große, schwere Schwanz wurde wohl zur Verteidigung eingesetzt.* ▼

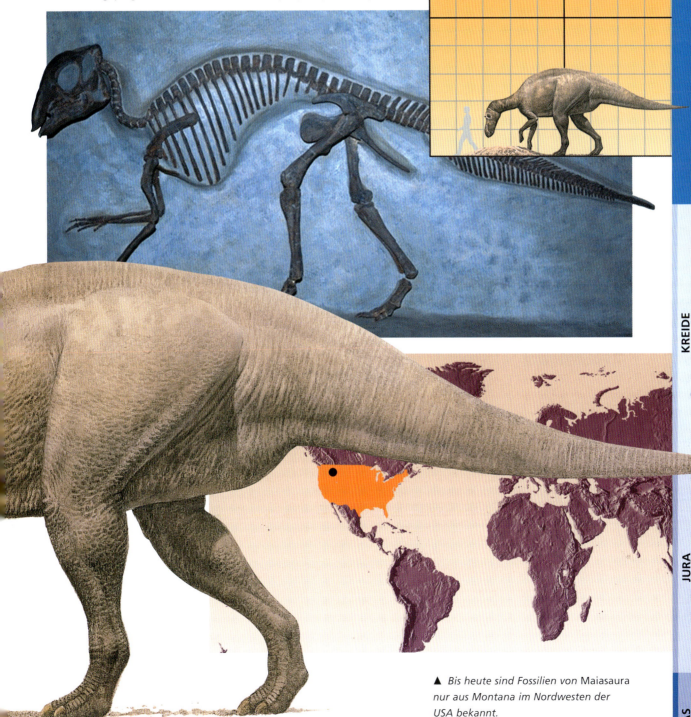

▲ Bis heute sind Fossilien von Maiasaura nur aus Montana im Nordwesten der USA bekannt.

Maiasaura

Corythosaurus

Das auffälligste Merkmal von Corythosaurus ist sein großer Knochenkamm auf dem Kopf. Andere Entenschnabelsaurier wie Parasaurolophus besaßen zwar ebenfalls Kämme, jedoch machte es der charakteristische, helmförmige Kamm Corythosaurus besonders einfach seine Artgenossen zu erkennen.

Schädel eines Corythosaurus mit dem charakteristischen helmförmigen Knochenkamm. ▼

Wie andere Entenschnabelsaurier besaß Corythosaurus am Rückgrat Sehnen, die zu kleinen Stäbchen verknöcherten. Sie verstärkten das Rückgrat und verhinderten ein Durchbiegen. An diesem Skelett sind auch verschiedene fossile Hautlappen zu erkennen. ▼

Als Pflanzenfresser besaß Corythosaurus einen schildkrötenähnlichen Schnabel, mit dem er die Vegetation abweidete. Fossile Mageninhalte eines Edmontosauriers, eines mit Corythosaurus verwandten Entenschnabelsauriers, lassen darauf schließen, dass sich diese Dinosaurierarten von Blättern ernährten, die unseren heutigen Kiefern und Tannen glichen. Die harten Nadeln wurden zwischen Reihen von rauen Zähnen gründlich zermahlen.

Den Unterschied erkennen

Feine Unterschiede in Form und Größe ihrer Kämme haben Corythosaurus vielleicht geholfen männliche und weibliche Artgenossen schon von weitem zu unterscheiden. Der Kamm könnte Corythosaurus aber auch in anderer Weise nützlich gewesen sein. Hohlgänge, die mit der Nase verbunden waren, verliefen im Kamminneren. Wenn Corythosaurus Luft durch diese Hohlgänge blies, konnte er einen trompetenartigen Laut erzeugen, der von den Lauten anderer Dinosaurier unterscheidbar war. Diese Laute mögen bei der Paarung eine Rolle gespielt haben oder bei der Verständigung mit Jungtieren, die sich von ihrer Mutter entfernt hatten. Außerdem hätte Corythosaurus so natürlich auch die Herde beim Annähern eines Raubtieres warnen können.

Erhaltene Haut

Einige Skelette von Corythosaurus sind zusammen mit fossilen Hautstücken erhalten. Das ist nur selten der Fall, da Haut normalerweise verrottet, bevor der Körper eines Tieres versteinert. Die Haut von Corythosaurus enthielt viele kleine Knochenplatten verschiedener Formen und Größen. Einige Platten sind kreisrund, andere oval. Wieder andere Platten sind pyramidenförmig oder haben mehrere Seitenflächen. Die größte Platte ist mehr als 5 cm lang und 2 bis 3 cm breit. Obwohl die Haut auf diese Weise recht hart gewesen sein muss, boten die Platten wohl nicht genügend Schutz gegen die Zähne großer Fleischfresser wie Tyrannosaurus. Sie könnten aber gewissen Schutz gegen kleinere Raubtiere wie z. B. Dromaeosaurus geboten haben.

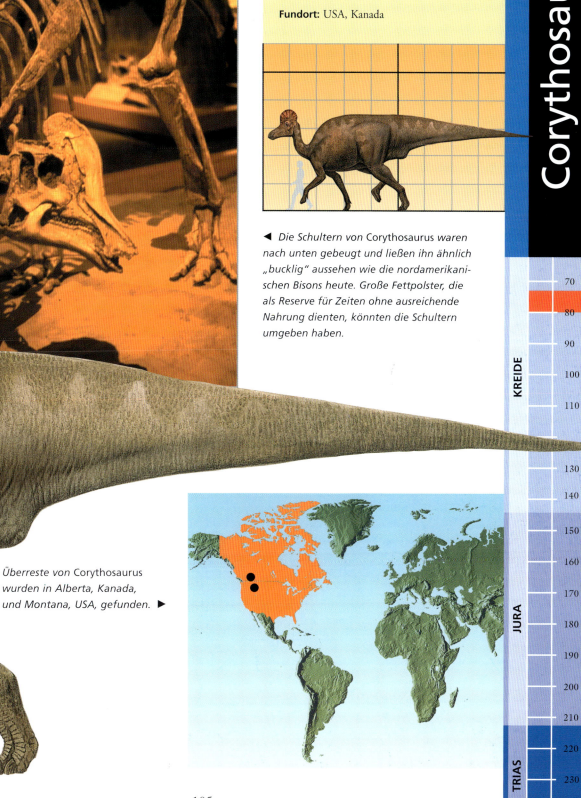

FAKTEN

Gattung: Corythosaurus

Systematik: Ornithopoda, Euornithopoda, Iguanodontia, Hadrosauridae

Länge: bis zu 10 m

Gewicht: 4–5 t

Zeit: Oberkreide, vor 80 bis 73 Millionen Jahren

Fundort: USA, Kanada

◀ Die Schultern von Corythosaurus waren nach unten gebeugt und ließen ihn ähnlich „bucklig" aussehen wie die nordamerikanischen Bisons heute. Große Fettpolster, die als Reserve für Zeiten ohne ausreichende Nahrung dienten, könnten die Schultern umgeben haben.

Überreste von Corythosaurus wurden in Alberta, Kanada, und Montana, USA, gefunden. ▶

Corythosaurus

Corythosaurus

Corythosaurus versucht einem angreifenden Tyrannosaurier zu entkommen und entflieht in einen See. Während der Oberkreide wurden Entenschnabelsaurier oft Opfer der großen Fleisch fressenden Dinosaurier.

Lambeosaurus

Das typische Merkmal des Lambeosaurus ist der beilförmige Kamm auf seinem Kopf. Er ist groß, flach, nach vorne gerichtet und sieht aus wie eine kleine Abwandlung des helmförmigen Kamms von Corythosaurus, seines engen Verwandten. Doch anders als bei jenem ragt an der Rückseite ein kleiner Kammsporn hervor. Diese Merkmale, vielleicht auch eine unterschiedliche Färbung oder andersartige Laute, die sie von sich gaben, könnten beiden Pflanzenfressern geholfen haben sich voneinander zu unterscheiden, während sie in großen Herden in die Nähe von Seen oder Wasserlöchern zogen.

Hadrosaurier besaßen Zahnbatterien mit vielen hundert Zähnen, die in mehreren Reihen übereinander lagen. Wenn die oberste Zahnreihe durch das Zermahlen von Pflanzen fast vollständig abgenutzt war, fielen diese Zähne heraus und wurden durch die darunter liegende Zahnreihe ersetzt. ▼

Kamm eines Lambeosaurus *mit flacher, beilförmiger Klinge an der Vorderseite und einem Kammsporn, der aus dem Hinterkopf herausragt.* ▼

Lambeosaurus trug seinen Schwanz stets gerade über dem Boden und hielt so das Gleichgewicht. Er konnte wahrscheinlich auf den Hinterbeinen und auf allen vieren laufen. Wenn er langsam ging, tat er das vermutlich auf allen vieren. Wollte er Baumwipfel abweiden oder schneller laufen, hat er wohl nur seine Hinterbeine benutzt.

Vom Alter abhängig

In den ersten Jahren des 20. Jahrhunderts bemerkte man, dass sich die Form des Kammes bei verschiedenen Lambeosaurus-Fossilien unterschied, und glaubte, dass es sich um verschiedene Lambeosaurus-Arten handele. Jüngere Untersuchungen der Fossilien ergaben jedoch, dass viele dieser Unterschiede vom Alter der Tiere abhingen. Jüngere Tiere besaßen kürzere, eher runde Schnäbel als erwachsene Tiere und kurze, niedrige Kämme, denen auch häufig der nach hinten gerichtete Kammsporn fehlte. Bei älteren Tieren waren die Schnäbel länger und schmaler, die Kämme größer und mit mehr Details versehen. Unterschiedliche Formen der Kämme schien es auch zwischen männlichen und weiblichen Tieren zu geben, jedoch war dies schwer zu belegen.

Hunderte Zähne

Die meisten Echsen – und viele andere Tiere – besitzen nur eine einzige Zahnreihe. Doch die Kiefer von Lambeosaurus und vielen anderen Hadrosauriern enthielten viele Zahnreihen, die übereinander gelagert waren. Jede Zahnreihe konnte 45 bis 60 Zähne umfassen und jeder Zahn hatte unter sich mehrere Ersatzzähne sitzen. Die Kiefer konnten so zu einem bestimmten Zeitpunkt bis zu 700 Zähne bergen. Diese besondere Anordnung der Zähne wird auch als Zahnbatterie bezeichnet. Die Zähne waren sehr rau und besaßen viele harte Kanten. Auf diese Weise konnte Lambeosaurus auch die härtesten Pflanzen leicht zermahlen.

FAKTEN

Gattung: Lambeosaurus

Systematik: Ornithopoda, Euornithopoda, Iguanodontia, Hadrosauridae

Länge: bis zu 15 m

Gewicht: 7 t

Zeit: Oberkreide, vor 80 bis 73 Millionen Jahren

Fundort: Kanada, USA, Mexiko

◄ *Obwohl* Lambeosaurus *sehr viel größer war als ein Elefant, musste er die Angriffe von Rudeln der kleinen, aber brutalen, Fleisch fressenden* Saurornitholestes *fürchten. Ein einzelner* Lambeosaurus *hätte trotz seines schweren Schwanzes nur geringe Chancen gegen ein solches Rudel gehabt.*

▲ Fossilien von Lambeosaurus wurden in Kanada, den USA und Mexiko gefunden. In der und Mexiko gefunden. In der Oberkreide müssen Herden durch ganz Nordamerika gewandert sein.

Lambeosaurus

109

Lambeosaurus

Riesige Herden von Entenschnabelsauriern wie Lambeosaurus wanderten durch die Landschaften der Oberkreide. Man hat herausgefunden, dass einige Herden aus vielen hundert Tieren bestanden.

Parasaurolophus

Parasaurolophus, ein seltener Entenschnabelsaurier, war einer der fortschrittlichsten Pflanzenfresser. Nach früheren Vorstellungen konnte Parasaurolophus aufrecht stehen, benutzte seinen Kamm als Waffe und seinen Schwanz zum Schwimmen. Neuere Untersuchungen zeigten jedoch, dass keine dieser Theorien begründet ist. Sein charakteristisches Merkmal ist der Kamm, der unter den Wissenschaftlern große Verwirrung stiftete. Über dessen Funktion wurden viele ungewöhnliche Theorien aufgestellt.

Der Kamm – eine röhrenförmige Struktur, die vom Schädeldach bis über Nacken und Schultern hinausragte – wurde einst als Waffe für die Kämpfe um die Weibchen gehalten. Nach einer anderen Annahme soll er als Schnorchel beim Schwimmen gedient haben, da in seinem Inneren Hohlgänge mit dem Nasenraum verbunden waren. Allerdings hatte der Kamm am oberen Ende keine Öffnung. Inzwischen vermutet man, dass der Kamm zur Erzeugung von Lauten benutzt wurde, um sich mit Artgenossen zu verständigen. Es wurden Modelle des Kamms gebaut, die, wenn man Luft hineinblies, wie eine Posaune erklangen.

Auf allen vieren

Parasaurolophus wurde lange aufrecht auf seinen Hinterbeinen stehend, den Kopf hoch haltend und sein Körpergewicht mit dem Schwanz am Boden abstützend dargestellt. Heute weiß man, dass dies so nicht gewesen sein konnte. Wahrscheinlich hatte Parasaurolophus einen nach vorne gebeugten Nacken wie die heutigen Bisons. Die riesigen Knochen zeigen, dass Parasaurolophus, obwohl er auf zwei und auch auf vier Beinen laufen konnte, seinen Rücken waagerecht hielt und nicht senkrecht wie in alten Rekonstruktionen zu sehen. Und sein schwerer Schwanz schleifte nicht über den Boden.

Konnte er schwimmen?

Früher glaubte man, dass Parasaurolophus seinen kräftigen Schwanz wie eine Flosse zum Schwimmen benutzte. Die Fossilien von Parasaurolophus wurden jedoch in Gesteinen gefunden, die eher auf einen trockenen Lebensraum, wie ihn Elefanten heutzutage bevorzugen, hinweisen. Außerdem sind die Schwanzknochen in einer Weise miteinander verbunden, dass der Schwanz keine weiten und kräftigen Seitwärtsbewegungen ausführen konnte. Es scheint, dass dieser Entenschnabelsaurier der Oberkreide nicht wie eine Riesenente auf Flüssen und Seen schwamm. Er lebte wohl auf trockenem Land und fraß die harten Pflanzen, die unter den damaligen Bedingungen wuchsen.

▲ Einige Wissenschaftler vermuteten, dass Parasaurolophus einen Hautlappen zwischen Kamm und Nacken besaß. Dieser Hautlappen soll leuchtend gefärbt gewesen sein. Bis heute wurde dafür allerdings kein Beweis gefunden.

Parasaurolophus

FAKTEN

Gattung: Parasaurolophus

Systematik: Ornithopoda, Euornithopoda, Iguanodontia, Hadrosauridae

Länge: bis zu 10 m

Gewicht: 5 t

Zeit: Oberkreide, vor 83 bis 65 Millionen Jahren

Fundort: Kanada, USA

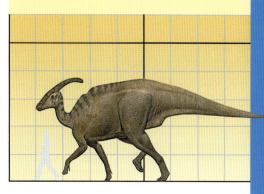

◀ Der Kamm von Parasaurolophus war über 1 m lang. Früher glaubte man, dass Parasaurolophus *ihn als Waffe oder Schnorchel benutzte. Heute nimmt man an, dass er damit Laute erzeugen konnte.*

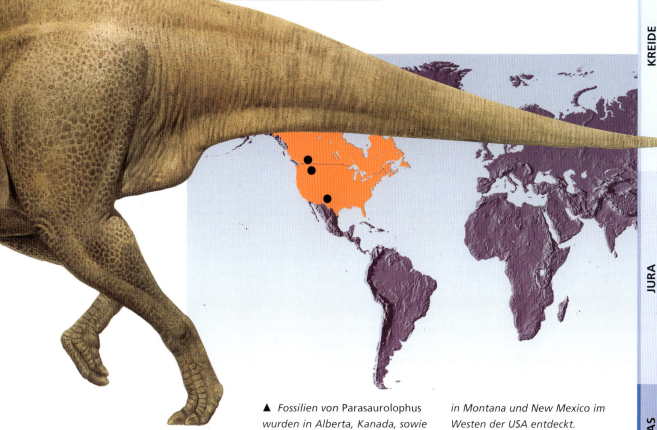

▲ Fossilien von Parasaurolophus wurden in Alberta, Kanada, sowie in Montana und New Mexico im Westen der USA entdeckt.

113

Plateosaurus

Im Vergleich zu den riesigen Sauropoden des Juras war Plateosaurus nur ein mittelgroßer Dinosaurier. In der Oberen Trias war er jedoch einer der größten Dinosaurier und zugleich der erste große überhaupt. Plateosaurus war ein Vertreter der Prosauropoden, einer kleinen, eng mit den späteren Sauropoden verwandten Dinosauriergruppe. Die Prosauropoden entwickelten sich während der Oberen Trias erfolgreich, starben jedoch am Ende des Unteren Juras aus.

Im frühen 19. Jahrhundert wurden in einem Steinbruch in Deutschland mehr als 100 Skelette eines riesigen, ausgestorbenen Tieres entdeckt. Die Skelette waren sehr gut erhalten, darunter zehn vollständige Schädel. Der deutsche Wissenschaftler Hermann von Meyer gab 1837 dem Tier, von dem die Fossilien stammten, den Namen Plateosaurus. Fünf Jahre später wurde der Begriff „Dinosaurier" eingeführt und kurze Zeit danach Plateosaurus den Dinosauriern zugeordnet.

Kräftige Beine

Plateosaurus besaß wie andere Prosauropoden einen langen Hals, einen kleinen Kopf und einen gestreckten, tonnenförmigen Körper. Seine Beine waren stark und stämmig und sein Schwanz war sehr lang und schwer.

Fraß er auch Fleisch?

Plateosaurus wurde zunächst für einen reinen Pflanzenfresser gehalten. Aber die großen Krallen an seinem Daumen und an der zweiten Zehe führten einige Wissenschaftler zu der Ansicht, dass er gelegentlich auch Fleisch gefressen haben könnte. Seine Zähne zeigen eine Kombination von Merkmalen, die sowohl auf pflanzliche als auch auf tierische Nahrung hinweisen. Mit den Krallen könnte Plateosaurus Wurzeln ausgegraben und auch Aas oder Insektenhügel aufgerissen haben. Darüber hinaus benutzte er die Krallen wahrscheinlich auch, um sich gegen Angriffe großer Raubsaurier zu wehren.

Plateosaurus besaß lange, kräftige Hinterbeine, sodass er vermutlich auf zwei Beinen laufen konnte. Fährten von Anchisaurus, des anderen Prosauropoden, zeigen, dass dieser gewöhnlich auf zwei Beinen lief. Weil Plateosaurus aber so groß war, bewegte er sich vermutlich die meiste Zeit auf allen vieren. ▼

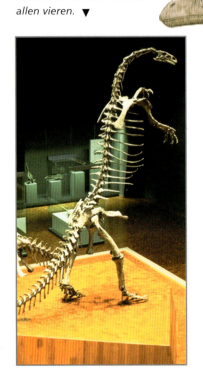

Die langen Hinterbeine machen es wahrscheinlich, dass Plateosaurus auch auf zwei Beinen laufen oder sich auf den Hinterbeinen aufrichten konnte, um mit seinem langen Hals Zweige in 3–4 m Höhe zu erreichen. Seine Arme waren zwar kurz, doch konnten die breiten Hände einen guten Teil des Körpergewichts tragen, sodass Plateosaurus zumeist wohl auf allen vieren ging.

Plateosaurus

Mit seinem langen Hals konnte Plateosaurus auch hoch in den Bäumen nach Nahrung suchen. Der schwere Schwanz balancierte das Tier aus. Prosauropoden besaßen im Vergleich zu anderen Dinosauriern einen sehr gestreckten Brustkorb und Unterleib. Das deutet darauf hin, dass sie einen größeren Verdauungstrakt hatten. ▼

FAKTEN

Gattung: Plateosaurus

Systematik: Sauropodomorpha, Prosauropoda, Plateosauridae

Länge: bis zu 9 m

Gewicht: bis zu 4 t

Zeit: Obere Trias, vor 221 bis 219 Millionen Jahren

Fundort: Deutschland, Frankreich, Schweiz und Griechenland

Nach den bedeutenden Funden in Deutschland wurden Überreste von Plateosaurus auch in der Schweiz und in Frankreich sowie kürzlich in Griechenland freigelegt. ▼

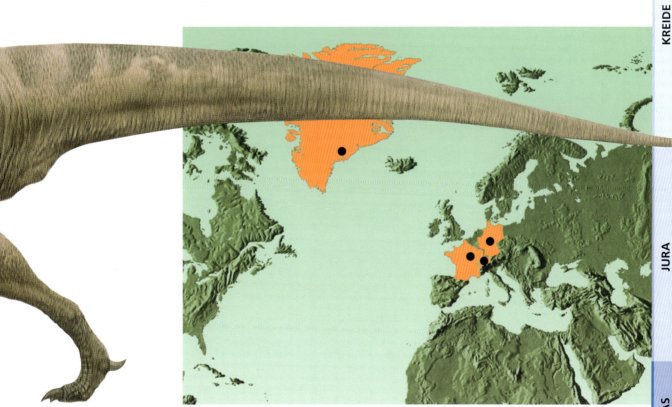

Apatosaurus

Dieser kolossale Sauropode ist einer der bekanntesten Dinosaurier und wird häufig noch als Brontosaurus bezeichnet. Apatosaurus war ein enger Verwandter von Diplodocus und lebte während des Oberen Juras in denselben Gebieten Nordamerikas. Er besaß wie Diplodocus einen Peitschenschwanz und kurze Vorderläufe. Aber er war viel robuster gebaut als Diplodocus, obwohl er nicht dessen Länge erreichte. Bei der Rekonstruktion von Apatosaurus wurden viele Fehler begangen. Man gab ihm nicht nur einen falschen Namen – sondern auch einen falschen Kopf!

Die Wirbel vieler Sauropoden waren hohl und deshalb leicht. Die Hohlräume enthielten wenige dünne, knöcherne Streben und Platten, die dem Wirbel trotz seines geringen Gewichts hohe Festigkeit verliehen. ▼

Apatosaurus besaß einen langen flachen Schädel. Bis heute konnten erst zwei Exemplare gefunden worden. ▼

Der Name Apatosaurus bedeutet Trugechse. Das ist sehr passend, weil der Forschung bei der Benennung dieses Dinosauriers ein gewaltiger Irrtum unterlief. Professor Othniel Marsh untersuchte 1877 einige fossile Knochen eines neuen Dinosauriers und nannte ihn Apatosaurus. Zwei Jahre später prüfte er andere fossile Knochen. Er nahm an, dass sie zu einer neuen Sauropodenart gehörten, und nannte diesen Dinosaurier Brontosaurus (Donnerechse). Erst später bemerkte man, dass beide Funde von derselben Tierart stammten und dass Brontosaurus tatsächlich Apatosaurus war! Der wissenschaftliche Name des Dinosauriers ist deshalb Apatosaurus.

Kopflos

Schädel von Pflanzen fressenden Sauropoden sind nur sehr selten erhalten. Vermutlich deshalb, weil sie aus sehr leichten und dünnen Strukturen bestanden. Daher wusste man meist nicht, wie die Schädel der Sauropoden aussahen, auch wenn alle übrigen Skelettteile gefunden worden waren. In einem Steinbruch entdeckte man ein Skelett von Apatosaurus sehr dicht neben dem eines Camarasaurus sowie einen Schädel. Da man den Schädel nicht identifizieren konnte, ordnete man ihn Apatosaurus zu, weil er ein wenig näher an dessen Skelett lag. Und die Museen rekonstruierten Skelette von Apatosaurus mit diesem Schädeltyp. Spätere Ausgrabungen belegten jedoch, dass dieser Schädel zu Camarasaurus gehörte! Apatosaurus musste nun so lange kopflos bleiben, bis Paläontologen ein Skelett mit Schädel entdeckten.

Wipfelstürmer

Apatosaurus besaß gabelförmige Wirbelknochen, die mit der Oberseite der Halswirbelknochen und mit der Vorderseite des Rückens verbunden waren. Diese Wirbel waren klein, aber wichtig, weil sie ein großes kabelähnliches Band trugen, das Hals und Schwanz unterstützte. Bänder, die alle Wirbeltiere besitzen, verbinden die Muskeln mit den Knochen. Dagegen waren die Wirbel an den Hüftknochen nicht gabelförmig, sondern sehr lang. An ihnen setzten massive Rückenmuskeln an, die Apatosaurus geholfen haben könnten sich auf seinen Hinterbeinen aufzurichten. Falls ihm dies tatsächlich gelungen sein sollte, hätte sein Schwanz als „drittes Bein" dienen können, um sich abzustützen. Auf diese Weise hätte Apatosaurus bei der Suche nach saftigen Blättern und Trieben auch Baumwipfel erreicht.

Apatosaurus

FAKTEN

Gattung: Apatosaurus

Systematik: Sauropoda, Diplodocoidea, Diplodocidae

Länge: bis zu 27 m

Gewicht: bis zu 35 t

Zeit: Oberer Jura, vor 156 bis 144 Millionen Jahren

Fundort: Colorado, Utah, Oklahoma und Wyoming, alle USA

◀ Die Stiftzähne von Apatosaurus saßen kammförmig angeordnet vorne im Maul. Diese Zähne sind stark abgenutzt, weil sie vermutlich intensiv zum Abreißen kleiner Pflanzenteile oder zum Abschälen von Zweigen benutzt wurden.

▲ Überreste von Apatosaurus wurden nur in den USA gefunden.

Brachiosaurus

Brachiosaurus wurde früher für den größten Dinosaurier gehalten. Einige Wissenschaftler schätzten sein Gewicht auf mehr als 80 Tonnen. Er wäre damit schwerer gewesen als 40 ausgewachsene Elefanten zusammen! Heute gehen die meisten Wissenschaftler von etwa 50 Tonnen Gewicht aus. Auch damit war er viel schwerer als jedes Landtier, das heute lebt.

Der Schädel von Brachiosaurus hatte eine lange Schnauze mit vielen kräftigen, meißelartigen Zähnen. Der große gebogene Knochenbalken vor den Augenhöhlen markiert die Stelle, an der die Nüstern saßen. ▼

Im Humboldt-Museum in Berlin ist das weltweit höchste Skelett eines Brachiosaurus ausgestellt. ▼

Brachiosaurus (Armechse) leitet seinen Namen von den sehr langen Armen ab. Er war der einzige Dinosaurier, dessen Arme länger als die Beine waren. Brustkorb und Schultergürtel befanden sich dadurch ungefähr 2,5 m über dem Boden. Jedoch waren diese langen Gliedmaßen überraschend schlank und nicht kräftig genug, dass Brachiosaurus schnell laufen oder gehen hätte können. Die langen Arme waren aber sehr nützlich bei der Bewältigung großer Hindernisse oder der Nahrungssuche in hohen Bäumen.

Ernährung auf hohem Niveau

Der Hals bestand aus zwölf einzelnen Wirbeln, die jeweils mehr als 70 cm lang sein konnten. Er erreichte dadurch ungefähr eine Länge von 9 m. Nimmt man diese Strecke zu seiner Schulterhöhe dazu, so konnte Brachiosaurus auf allen vieren stehend Pflanzen in 11 m Höhe erreichen. Nur wenige andere Sauropoden erreichten eine solche Höhe, sodass Brachiosaurus meist ungestört fressen konnte.

Wie kam das Blut zum Gehirn?

Wenn Brachiosaurus seinen Hals aufrichtete, muss es für sein Herz sehr schwer gewesen sein, das Blut zum Gehirn hinaufzupumpen. Ohne eine Durchblutung des Gehirns aber wäre Brachiosaurus apathisch und gar bewusstlos geworden. Das Problem könnte auf mehrere Arten gelöst worden sein: Vielleicht hat das Herz den Blutdruck stets so hoch gehalten, dass das Gehirn immer durchblutet wurde. Wenn sich Brachiosaurus wieder hinunterbeugte, hätten jedoch durch den hohen Blutdruck viele feine Blutgefäße platzen können. Vielleicht hat deshalb das Herz das Blut doch bei niedrigem Druck gepumpt und besondere Klappen in den Blutgefäßen verhinderten, dass das Blut zurückfloss, bevor es das Gehirn erreicht hatte. Einige Wissenschaftler glauben sogar, dass Brachiosaurus das Problem des Bluttransports zum Gehirn löste, indem er seinen Kopf einfach nie über Schulterhöhe erhob. Wenn dies zutreffen sollte, dann stellt sich die Frage, warum Brachiosaurus und andere Sauropoden solche langen Hälse entwickelten?

Luftsäcke

Die Wirbel aller fortschrittlichen Sauropoden besitzen seitliche Öffnungen, die Luftkammern. Sie werden oft so groß, dass die Wirbel wie Honigwaben nur noch aus Balken und Streben bestehen. Die Kammern sind mit Luftsäcken gefüllt, sodass der Wirbel zwar sehr leicht ist, aber noch stabil genug, um das Gewicht des Tieres zu tragen.

Brachiosaurus

FAKTEN

Gattung: Brachiosaurus

Systematik: Sauropoda, Titanosauromorpha, Brachiosauridae

Länge: bis zu 28 m

Gewicht: ca. 50 t

Zeit: Oberer Jura, vor 156 bis 144 Millionen Jahren

Fundort: Colorado und Utah, USA, Tansania und möglicherweise Portugal

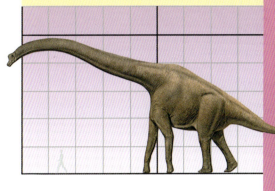

◄ An diesem Skelett von Brachiosaurus sind die gewaltigen Armknochen und der tiefe Brustkorb gut zu erkennen. Die Handknochen sind sehr lang und betragen etwa ein Fünftel der Armlänge.

▲ Fossilien von Brachiosaurus wurden im Westen der USA sowie in Tansania gefunden. Einige Überreste aus Portugal werden ihm ebenfalls zugerechnet. Die Tatsache, dass Brachiosaurus in Nordamerika und Afrika lebte, ist der Beweis, dass zwischen diesen Kontinenten während des Oberen Juras eine Landverbindung existierte.

Camarasaurus

Camarasaurus war in Nordamerika der am weitesten verbreitete Dinosaurier während des Oberen Juras. Er zog in Herden durch die riesigen Nadelwälder, die zu dieser Zeit die westlichen USA bedeckten. Auch wenn Camarasaurus etwa 20 m lang wurde, war er dennoch einer der kleineren Sauropoden. Seine vergleichsweise geringe Größe sowie seine weite Verbreitung ließen ihn wahrscheinlich zur Beute für große Raubsaurier wie Allosaurus werden.

Breite, kräftige Zähne ermöglichten Camarasaurus auch harte Blätter zu fressen. Durch den steten Gebrauch nutzten sie oft stark ab. ▼

Der Fuß von Camarasaurus war sehr stämmig. Beachte die riesige Kralle, die er zum Ausheben von Nestern oder für die Suche nach Wurzeln benutzte. ▼

Von den meisten Sauropoden sind nur ein bis zwei Skelette bekannt und selbst diese sind meist beschädigt oder unvollständig. Schädel dieser riesigen Tiere sind besonders selten und bis heute wurden nur wenige komplette Schädel entdeckt. Von Camarasaurus dagegen existieren mehrere Schädel und viele gut erhaltene Skelette, und zwar aus allen Altersgruppen – sowohl von Jungtieren als auch von erwachsenen Tieren. Wissenschaftler besitzen daher viele Erkenntnisse über die Anatomie von Camarasaurus.

Gut gekaute Nahrung

Von Sauropoden nahm man bisher an, dass sie ihre Nahrung kaum zerkleinerten. Man glaubte, dass sie ihre Zähne hauptsächlich zum Abreißen von Blättern und Früchten benutzten, die dann in ihrem sehr langen Magen-Darm-Trakt verdaut wurden. Genauere Untersuchungen der Zähne und Kiefer zeigten jetzt, dass Camarasaurus seine Nahrung wohl doch gründlich zerkaut haben muss. Die Zähne waren breit und robust und bei geschlossenem Kiefer lagen die Zahnreihen eng aufeinander. Er vermochte daher auch zähe, faserige Pflanzen zu zerkauen. Außerdem konnte er seinen Unterkiefer vor- und zurückschieben und so die Pflanzen gut zermahlen, bevor er sie hinunterschluckte.

Steifer Hals

Gemessen an anderen Sauropoden war der Hals eines Camarasaurus relativ kurz. Er bestand aus zwölf einzelnen Halswirbeln, die unten durch Kugelgelenke und oben durch Radgelenke miteinander verbunden waren. Diese Gelenke ermöglichten eine beachtliche Auf- und Abbewegung, sodass Camarasaurus bei gestrecktem Hals eine Höhe von 7 bis 8 Meter über dem Boden erreichen konnte. Für Seitwärtsbewegungen war der Hals aber nicht beweglich genug. Lange, sich überlappende Rippen, die an der Seite des Halses saßen, verhinderten solche Bewegungen.

Camarasaurus

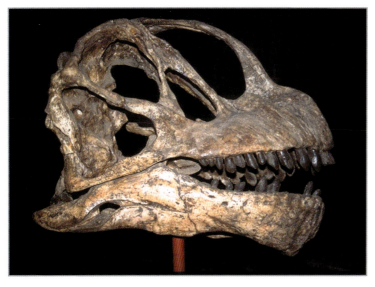

▲ *Die Vorderseite des Schädels besaß eine schmale, schnauzenähnliche Form. So konnte* Camarasaurus *seine Nahrung auch in dichten Baumkronen finden.* ▶

FAKTEN

Gattung: Camarasaurus

Systematik: Sauropoda, Titanosauromorpha, Camarasauridae

Länge: bis zu 20 m

Gewicht: bis zu 20 t

Zeit: Oberer Jura, vor 156 bis 144 Millionen Jahren

Fundort: Colorado, Montana, Wyoming und Utah, alle USA

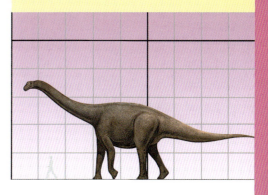

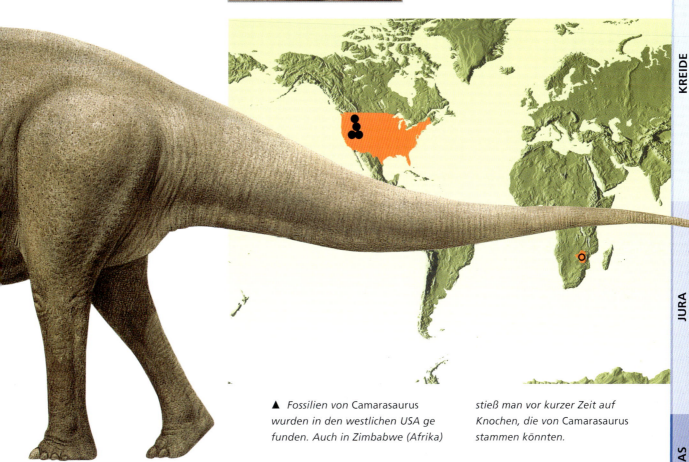

▲ Fossilien von Camarasaurus wurden in den westlichen USA gefunden. Auch in Zimbabwe (Afrika) stieß man vor kurzer Zeit auf Knochen, die von Camarasaurus stammen könnten.

Camarasaurus war die häufigste Dinosaurierart in Nordamerika während des oberen Juras. Er gehörte zu den kleineren Sauropoden, erreichte aber dennoch eine Länge von etwa 20 Metern.

Diplodocus

Diplodocus ist einer der bekanntesten Dinosaurier. Auch wenn er einen langen Hals, einen winzigen Kopf und einen massigen Körper so wie alle anderen Sauropoden besaß, unterscheidet er sich in mancherlei Hinsicht von seinen Verwandten. Der wichtigste Unterschied betrifft die Art, wie Diplodocus seine Zähne, seinen Kiefer und seinen Hals einsetzte, um eine große Vielfalt von Pflanzen zu erreichen und zu fressen.

▲ Die Spitzen der stiftartigen Zähne von Diplodocus waren stark abgenutzt.

Die Zähne von Diplodocus waren groß, dünn und sahen aus wie Stifte. Sie saßen nur vorne im Maul und bildeten eine Art Kamm oder Rechen. Solche Zähne waren nicht geeignet harte Pflanzen zu zerkauen. Und die Abnutzung der Zahnspitzen ließ darauf schließen, dass dieses Gebiss nicht geschlossen werden konnte, um Blätter und Halme abzubeißen. Wegen dieser Besonderheiten vermutete man zunächst, dass die Zähne zum Abschälen von Baumrinde benutzt oder dass mit ihnen Algen und Muscheln aus Teichen gefiltert wurden.

Heute weiß man, dass das Gebiss wie ein Rechen benutzt wurde, um Blätter und Früchte von Bäumen und Sträuchern zu holen. Auch Farne und Schachtelhalme konnten so abgeweidet werden.

Aufwärts, abwärts oder seitwärts?

Bis vor kurzem nahm man an, dass Diplodocus nur gelegentlich am Boden sein Futter suchte und seinen langen Hals vor allem dazu benutzte, um Blätter aus den Baumkronen zu fressen. Computeranimationen und genaue Untersuchungen der einzelnen Halswirbel zeigten jedoch, dass der Hals in viele Richtungen bewegt werden konnte. Bestimmte Gelenke ermöglichten es, den Hals aufwärts, abwärts und zur Seite zu bewegen. Gewöhnlich hielt ihn Diplodocus wohl waagerecht. Um Baumkronen zu erreichen, konnte er den Hals aufrichten, ihn aber nicht sehr lange in dieser Position halten. Mit einem solch biegsamen Hals konnte sich Diplodocus Nahrung aus unterschiedlicher Höhe holen. Dass sich Diplodocus auch von Bodenpflanzen ernährte, kann darüber hinaus aus der Tatsache gefolgert werden, dass seine Vorderbeine verhältnismäßig kurz waren und daher der Vorderkörper mitsamt dem Hals und Kopf dem Boden näher.

Diplodocus besaß nur vorne im Maul Zähne. Die Nasenöffnungen waren zu einer einzigen Öffnung verschmolzen, die sich zwischen den Augen befand und nicht wie bei den meisten anderen Tieren an der Schnauzenspitze. ▼

Peitschenartige Waffe

Diplodocus konnte seinen Schwanz als Waffe gegen angreifende Fleischfresser wie Allosaurus einsetzen. Das Schwanzende war sehr dünn und konnte durch kräftige Muskeln am Schwanzansatz sehr schnell von einer Seite zur anderen geschwungen werden. Mit solchen Schlägen konnte sich Diplodocus gegen Raubtiere verteidigen und möglicherweise peitschenartige Laute erzeugen.

Diplocus

FAKTEN

Gattung: Diplodocus

Systematik: Sauropoda, Diplodocoidea, Diplodocidae

Länge: bis zu 27 m

Gewicht: bis zu 20 t

Zeit: Oberer Jura, vor 156 bis 144 Millionen Jahren

Fundort: westliche USA

◀ An den massiven Hüftknochen setzten viele kräftige Muskeln an, mit denen die Hinterläufe bewegt wurden.

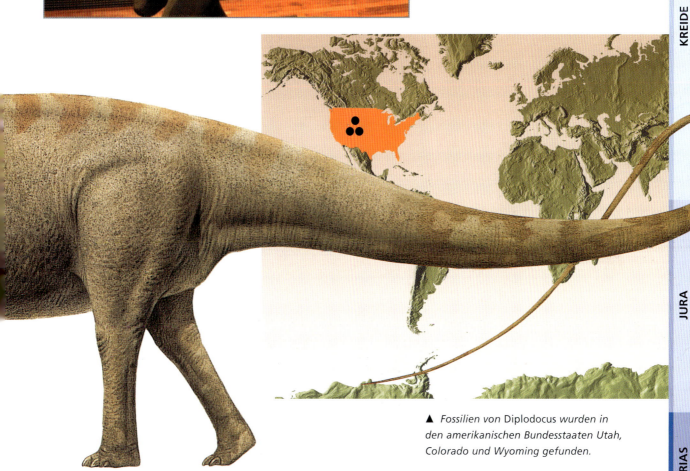

▲ Fossilien von Diplodocus wurden in den amerikanischen Bundesstaaten Utah, Colorado und Wyoming gefunden.

Diplodocus

Diplodocus war mit fast 27 m einer der längsten Dinosaurier. Dank seines langen Halses konnte er auch von den Kronen sehr hoher Bäume fressen.

Aragosaurus

FAKTEN

Gattung: Aragosaurus

Systematik: Sauropoda, Titanosauromorpha, Camarasauridae

Länge: 18 m

Gewicht: bis zu 15 t

Zeit: Unterkreide, vor 125 bis 123 Millionen Jahren

Fundort: Spanien

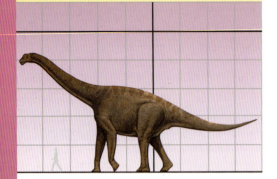

Obwohl in Spanien bereits vor der Entdeckung von Aragosaurus Fossilien von Dinosauriern gefunden worden waren, repräsentieren die gigantischen Knochen des Sauropoden die erste neue Dinosaurierart aus diesem Land. Gleichzeitig ist er einer der sehr wenigen Sauropoden aus der Unterkreide. Nur wenige unvollständige Überreste wurden ausgegraben. Vom Skelett ist jedoch genügend erhalten, um die enge Verwandtschaft zwischen Aragosaurus und dem nordamerikanischen Sauropoden Camarasaurus zu belegen.

Ein Modell von Aragosaurus in einem spanischen Park zeigt seine beeindruckende Größe. ▶

Fossilien von Aragosaurus wurden in der spanischen Region Aragon gefunden. Überreste enger Verwandter wurden weit entfernt in den USA entdeckt. ▼

Aragosaurus hatte wahrscheinlich wie Camarasaurus einen kurzen, kompakten Schädel und einen mittellangen Hals. Seine Zähne waren groß und breit, sodass er Blätter und Zweige von hohen Nadelbäumen gut abweiden konnte. Die Vorderbeine waren nur wenig kürzer als die Hinterbeine und sein Schwanz war lang und muskulös.

Kontinentale Spuren

Enge Verwandte von Aragosaurus lebten im benachbarten Portugal sowie in den USA und Ostafrika. Die Entdeckung so weit verstreuter Fossilien von engen Verwandten half der Wissenschaft die Lage der Kontinente vor vielen Millionen Jahren zu rekonstruieren. Da Sauropoden nicht durch einen Ozean schwimmen konnten, mussten sie auf dem Landweg in die verschiedenen Gebiete der Erde

gelangt sein, in denen ihre Überreste gefunden wurden. Das bedeutet, dass die Gebiete der USA, Europas und Afrikas im Oberen Jura und der Unterkreide miteinander verbunden gewesen sein mussten.

Patagosaurus

FAKTEN

Gattung: Patagosaurus

Systematik: Sauropoda, Cetiosauridae

Länge: bis zu 18 m

Gewicht: bis zu 16 t

Zeit: Mittlerer Jura, vor 169 bis 163 Millionen Jahren

Fundort: Argentinien

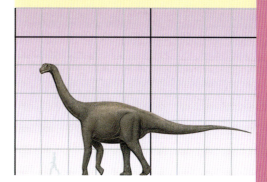

Patagosaurus ist einer der frühesten Sauropoden, von dem beinahe vollständige Überreste existieren. Er gehört zu den Cetiosauriden, einer Sauropodenart, zu der auch Cetiosaurus (Walechse) zählt, der in Gesteinen des Mittleren Juras in England entdeckt wurde. Von diesen beiden Tieren stammt fast unser gesamtes Wissen über Biologie und Entwicklung der Sauropoden aus dieser Zeit. Sie waren primitive Sauropoden und ihnen fehlten zahlreiche Merkmale, die ihre fortschrittlichen Verwandten wie Diplodocus und Brachiosaurus aufweisen.

Sein Hals war für einen Sauropoden recht kurz, aber immer noch länger als der anderer Dinosauriergruppen. Patagosaurus konnte sich bis in 5–6 m Höhe recken, um Blätter und Triebe abzuweiden. Ein kompletter Schädel wurde zwar noch nicht entdeckt, jedoch zeigen wenige einzelne Schädelknochen, dass dieser hoch, aber nicht sehr lang war und auf seinen Kiefern eine Reihe breiter Schneidezähne saß. Die Nüstern befanden sich weiter vorne als bei den meisten anderen Sauropoden. Hohle Wirbelkörper und Luftsäcke, bei vielen fortschrittlichen Sauropoden vorhanden, waren bei Patagosaurus und Cetiosaurus noch unterentwickelt. Patagosaurus teilte seinen Lebensraum mit dem großen Raubsaurier Piatnitzkysaurus. Dank seiner Größe konnte ein ausgewachsener Patagosaurus wohl Angriffe abwehren, doch die Jungtiere waren schutzlos.

▲ Überreste von Patagosaurus wurden in Patagonien (im Süden Argentiniens) gefunden. In den südamerikanischen Ländern Argentinien und Brasilien wurden viele bedeutende Dinosaurierfossilien entdeckt.

Saltasaurus

Dieser Dinosaurier, ein vierbeiniger Pflanzenfresser, dürfte das größte gepanzerte Tier gewesen sein, das je gelebt hat. Die fossilen Knochen von Saltasaurus wurden in der entfernten argentinischen Provinz Salta gefunden. Saltasaurus war für einen Sauropoden nicht sehr groß und wog nur halb so viel wie Apatosaurus. Er war ein sehr seltener Sauropode. Auf seinem Rücken besaß er eine Reihe kleiner Knochenhöcker, die ihm als Panzerung dienten. Solch eine Panzerung kommt nur bei wenigen anderen Sauropoden vor.

Saltasaurus war selten, aber er war in vielerlei Hinsicht ein äußerst typischer Sauropode. Wie alle anderen Sauropoden besaß er einen massigen Körper, einen extrem langen Schwanz und einen langen Hals. Saltasaurus gehörte zur Sauropodenfamilie der Titanosauriden und war einer der letzten lebenden Sauropoden. Er lebte in den letzten Millionen Jahren des Zeitalters der Dinosaurier. Fast alle Sauropoden der Oberkreide waren Titanosauriden, die eng mit Saltasaurus verwandt waren.

Die geheimnisvollen Titanosauriden

Die fossilen Überreste vieler Titanosauriden sind nur bruchstückhaft vorhanden, was ihre Erforschung erheblich erschwert. Von den meisten Titanosauridenarten sind nur ein oder zwei teilweise erhaltene Skelette bekannt und bisher wurde noch kein vollständiger Schädel eines Titanosauriden entdeckt. Wenige einzelne Schädelknochen zeigen, dass die Schädel der Titanosauriden kurz und gedrungen waren und denen von Camarasaurus ähnelten. Alle Titanosauriden hatten wie Diplodocus lange Stiftzähne. Mit ihnen rissen sie Blätter von den Zweigen und knabberten kleine Früchte und Kieferzapfen ab. Die Hälse der Titanosauriden waren für Sauropoden relativ kurz, obwohl sie immer noch länger als die vieler anderer Dinosaurierarten waren. Im Gegensatz zu anderen Sauropoden waren ihre Beine etwas kürzer und stämmiger, ihre Körper etwas breiter. Deshalb konnten sich Saltasaurus und die anderen Titanosauriden vermutlich nicht auf den Hinterbeinen aufrichten, um wie Diplodocus die Baumwipfel zu erreichen. Mit seinem Hals konnte Saltasaurus wohl eine Höhe von etwa 6 m über dem Boden erreichen.

Panzerplatten

Die Panzerung von Saltasaurus bestand aus großen ovalen Knochenplatten von etwa 20 cm Durchmesser – so groß wie ein kleiner Teller. Die Oberfläche der Platten bestand aus vielen flachen Rillen und zahlreichen kleinen Vertiefungen. Die in die Haut eingebetteten Platten machten Saltasaurus zu einer wenig attraktiven Beute für Raubtiere. Außer ihm besaßen noch einige andere Titanosauriden solche Platten.

Die Haut von Saltasaurus enthielt knöcherne Streben und Platten. ▼

FAKTEN

Gattung: Saltasaurus

Systematik: Sauropoda, Titanosauromorpha, Titanosauridae

Länge: bis zu 12 m

Gewicht: 25 t

Zeit: Oberkreide, vor 73 bis 65 Millionen Jahren

Fundort: Argentinien

Saltasaurus

◀ *Erst glaubte man, dass Sauropoden keine Panzerung besaßen. Später wurden dann acht Fragmente von Knochenplatten neben einem Saltasaurus gefunden. Zunächst wurden die Panzerungen Ankylosauriern zugerechnet, bis ausführliche Untersuchungen erwiesen, dass sie von Saltasaurus stammten.*

▲ *Überreste des seltenen Saltasaurus fand man nur in Argentinien. Andere Titanosauriden waren besonders in Indien, Madagaskar und Südamerika verbreitet, wo sie die bedeutendsten Pflanzenfresser waren. Titanosauriden lebten auch in Europa, Afrika und Nordamerika.*

131

Eoraptor

FAKTEN

Gattung: Eoraptor

Systematik: Theropoda

Länge: 1 m

Gewicht: 10 kg

Zeit: Obere Trias, vor 231 bis 225 Millionen Jahren

Fundort: Nordwesten von Argentinien

Vor rund 250 Millionen Jahren entwickelte sich in Südamerika in einer entlegenen Region des heutigen Argentinien eine neue Tierart. Es waren die Dinosaurier und ihr Auftreten veränderte das Gesicht der Erde für immer. Eoraptor ist zwar nicht der Urahne aller Dinosaurier, jedoch einer der frühesten Vertreter dieser umfangreichen Tiergruppe. Anhand seiner Überreste können Wissenschaftler herausfinden, auf welche Weise die Dinosaurier mit anderen Reptilienarten verwandt sind.

◀ Eoraptor war kein großes Tier – sein Schädel war nur 12 cm lang. An den Kiefern kann man die verschiedenen Zahnarten erkennen. ▶

Eoraptor wurde erst 1993 von einem Team amerikanischer und argentinischer Paläontologen entdeckt. Er war ein kleiner zweibeiniger Fleischfresser und besaß bestimmte Dinosaurier-Merkmale: Veränderungen an den Fußknöcheln, Hinterbeinen und an der Hüfte. Erst diese Merkmale ermöglichten den Dinosauriern so zu stehen, dass sich ihre Beine direkt unterhalb des Körpers befanden. Zwar können wir sicher sein, dass Eoraptor ein Dinosaurier war, doch ist es schwierig zu entscheiden, zu welcher Hauptgruppe er zählt.

Wohin gehört er?

Neben gebogenen, sägeartig gezackten Zähnen wie bei den Theropoden sitzen in den Kiefern Eoraptors auch blattförmige Zähne, wie sie die meisten primitiven Prosauro-

▲ Eoraptor wurde in Südamerika im Nordwesten Argentiniens entdeckt. Bislang hat man nur ein einziges Skelett gefunden.

poden besitzen. Die hohlen Beinknochen und gestreckten Hände zeigen, dass Eoraptor zu den Theropoden gehört. Allerdings steht Eoraptor am Anfang des Stammbaums der Theropoden, weil ihm ein bestimmtes Unterkiefergelenk fehlt. Eoraptor beweist, dass sich die Dinosaurier in der Mittleren bis Oberen Trias aus kleinen, zweibeinigen, karnivoren Reptilien entwickelten.

132

Herrerasaurus

Herrerasaurus war einer der ersten Fleisch fressenden Dinosaurier und lebte während der Oberen Trias im Nordwesten des heutigen Argentinien. Obwohl er nur eine Länge von wenigen Metern erreichte, war er zu seiner Zeit eines der größten bipeden Tiere der Erde. Seine Mischung aus primitiven und fortschrittlichen Merkmalen macht es sehr schwierig, ihn einer bestimmten Dinosaurierart zuzuordnen. Neuere Funde lassen aber darauf schließen, dass Herrerasaurus ein Theropode war.

FAKTEN

Gattung: Herrerasaurus

Systematik: Theropoda, Herrerasauridae

Länge: 3–4,5 m

Gewicht: 250–300 kg

Zeit: Obere Trias, vor 213 bis 225 Millionen Jahren

Fundort: Nordwesten von Argentinien

Herrerasaurus, einer der gefürchtetsten Jäger seiner Zeit, besaß wie anderere Theropoden lange und hohle Beinknochen. Seine Wirbel waren miteinander zu einem sehr steifen Schwanz verbunden, der beim Laufen und Springen den Körper stabilisierte. Die kräftigen Hände mit ihren drei größeren Fingern mündeten in lange, gebogene Greifklauen. Dank eines beweglichen Gelenks konnte er mit seinen Zähnen Beutetiere fest umklammern und so verhindern, dass sie entkamen. Er jagte vorwiegend den schweineähnlichen Rhynchosaurier, ein Pflanzen fressendes Reptil, das in der Oberen Trias häufig vorkam. Überreste von Rhynchosauriern wurden tatsächlich im Bereich des Brustkorbes eines Herrerasaurusskeletts gefunden. Spuren verheilter Bisswunden an einem Schädel einer Herrerasaurusart zeigen, dass Mitglieder der gleichen Art Gefahr liefen von Artgenossen angegriffen zu werden. Die Gründe hierfür sind nicht klar. Vielleicht haben diese Tiere um Nahrung, Weibchen oder Reviere gekämpft.

Herrerasaurus besaß einen gestreckten Schädel und gebogene, sägeartig gezackte Zähne. Am Hinterkopf setzten kräftige Kiefermuskeln an. ▼

Überreste von Herrerasaurus wurden in Südamerika im Nordwesten Argentiniens gefunden. ▼

133

Carnotaurus

Im Jura war die Erdoberfläche durch einen riesigen Ozean in einen nördlichen und einen südlichen Kontinent geteilt. Auf den getrennten Kontinenten entwickelten sich mehrere unterschiedliche Dinosaurierarten. Am Ende des Juras, vor ungefähr 144 Millionen Jahren, wurde Südamerika vom südlichen Kontinent abgespalten. Durch diese Isolierung entstanden spezielle Arten südamerikanischer Dinosaurier, unter ihnen der Fleisch fressende Carnotaurus.

Carnotaurus besaß vier Finger an jeder Hand, während die meisten anderen Theropoden nur drei hatten. Aus der Form der Armknochen folgt, dass die Handfläche nach oben zeigte und nicht wie üblich nach unten. ▼

Die Schädelform von Carnotaurus unterscheidet sich von derjenigen der meisten anderen Fleisch fressenden Theropoden. Über den Augenhöhlen ragten knöcherne Stirnhörner seitlich nach oben. ▼

Carnotaurus besaß eine Reihe von Merkmalen, die auch andere Dinosaurier der nördlichen Halbkugel aufwiesen, z. B. die leicht gebogenen Zähne der Fleisch fressenden Theropoden. Und er hatte – ähnlich wie die Tyrannosaurier in Nordamerika und Asien – sehr kurze Armknochen. Knöcherne Stirnhörner jedoch besaß nur Carnotaurus. Sie ragten seitlich aus dem hinteren Schädelrand nach oben und waren wahrscheinlich wie die Hörner heutiger Bullen oder Schafe mit Hornhaut überzogen. Die Hörner dürften als Stoßwaffe gedient haben. Weil erst sehr wenige Skelette von Carnotaurus gefunden wurden, weiß man nicht, ob auch die Weibchen Hörner trugen.

Guter Jäger

Trotz seines breiten, kräftigen Schädels besaß Carnotaurus eine sehr schmale Schnauze. Seine Augen waren nach vorne gerichtet und ermöglichten ihm ein räumliches Sehen. Diese Besonderheit, die auch wir Menschen besitzen, erlaubt es, Entfernungen genau abzuschätzen. Wegen seines guten Sehvermögens war Carnotaurus wahrscheinlich ein beachtlicher Jäger, der seine Beute schon aus großer Entfernung erspähen konnte und deshalb mit großem Erfolg auf Beutefang ging.

Kleine Beute

Aber was fraß Carnotaurus? Die meisten Dinosaurier mit kurzen Armen wie Tyrannosaurus haben einen sehr kräftigen, übergroßen Schädel, mit dessen schrecklichen Kiefern sie ihre Beute töteten. Der Kopf eines Carnotaurus war dafür zu schwach und im Kampf mit großen Tieren zu verletzungsanfällig. Daher nimmt man an, dass Carnotaurus gleich große oder gar größere Tiere höchstens gelegentlich angriff. In der Regel wird er wohl kleinere, flinke Tiere gejagt haben, gegen die er sein besonders gutes Sehvermögen und seine Schnelligkeit einsetzen konnte.

Carnotaurus

FAKTEN

Gattung: Carnotaurus

Systematik: Theropoda, Ceratosauria, Abelisauridae

Länge: 7,5 m

Gewicht: bis zu 1 t

Zeit: Mittlere Kreide, vor 113 bis 91 Millionen Jahren

Fundort: Argentinien

◀ Carnotaurus besaß ein imposantes Skelett. Der Schwanz erstreckte sich bis weit hinter den Körper. Die Hinterbeine des flinken Dinosauriers waren sehr lang und schlank.

▲ Bislang wurde Carnotaurus ausschließlich auf dem südamerikanischen Kontinent, und zwar in Patagonien (Argentinien) entdeckt.

Carnotaurus

Carnotaurus war ein gefürchtetes Raubtier. In der Abbildung links zeigt er seine scharfen Zähne

Ceratosaurus

FAKTEN

Gattung: Ceratosaurus

Systematik: Theropoda, Ceratosauridae

Länge: 4,5–6 m

Gewicht: 0,5–1 t

Zeit: Oberer Jura, vor 156 bis 144 Millionen Jahren

Fundort: Utah und Colorado, USA

Ceratosaurus war ein zweibeiniger Fleischfresser des Oberen Juras in Nordamerika. Sein Kennzeichen ist ein einziges kleines Horn, das direkt hinter den Nüstern auf der Schnauze saß. Fossilien von Ceratosaurus werden manchmal neben denen von Allosaurus, des anderen großen Theropoden, gefunden. Beide lebten in der gleichen Umgebung, jedoch kam Ceratosaurus viel seltener in der nordamerikanischen Landschaft des Oberen Juras vor.

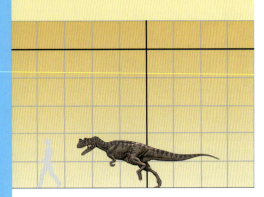

Das kleine Horn auf der Schnauze war als Waffe nicht zu gebrauchen. Wahrscheinlich half es Ceratosaurus, seine Artgenossen zu erkennen. Vor jedem Auge erhob sich ein kleiner Kamm. ▶

Es ist sehr ungewöhnlich, dass sich zwei große Raubtiere einen Lebensraum teilen. Vermutlich bevorzugten Ceratosaurus und Allosaurus unterschiedliche Nahrung. Während Allosaurus bis zu 12 m lang werden konnte, erreichte Ceratosaurus kaum mehr als 6 m. Allosaurus könnte daher eher größere Beutetiere wie Stegosaurus oder die Sauropoden Diplodocus und Apatosaurus gejagt haben. Aus der Fülle der Fossilien von Allosaurus kann man schließen, dass er im Rudel jagte. Im Gegensatz dazu wird Ceratosaurus wohl Jagd auf kleine Ornithopoden und andere kleine Reptilien gemacht haben. Weil Fossilien von Ceratosaurus eher selten sind, jagte er wahrscheinlich allein.

Keine enge Verwandtschaft

Große pfeilerartige Hinterbeine trugen den Körper von Ceratosaurus. Seine viel kürzeren Arme waren robust und nützliche Werkzeuge zum Schlagen der Beute und beim Fressen. Der relativ leichte Kopf war groß und wurde durch den langen, schweren Schwanz ausbalanciert. Der Hals war für einen Fleisch fressenden Theropoden recht kurz und stämmig. Die Skelette von Ceratosaurus und Allosaurus ähneln sich zwar, doch die beiden waren nicht sehr eng miteinander verwandt. Ceratosaurus besaß z. B. vier Finger an jeder Hand, Allosaurus dagegen nur drei.

▲ *Ceratosaurus wurde in mehreren spektakulären Fossilienfundstätten wie z. B. dem Cleveland-Lloyd-Steinbruch in Utah sowie an mehreren anderen Stellen in Colorado entdeckt.*

Coelophysis

FAKTEN

Gattung: Coelophysis

Systematik: Theropoda, Ccratosauria, Coelophysidae

Länge: bis zu 3 m

Gewicht: 15–30 kg

Zeit: Obere Trias, vor 227 bis 223 Millionen Jahren

Fundort: New Mexico, Arizona und möglicherweise Utah, alle südwestliche USA

Nordamerika war in der Oberen Trias eine warme trockene Region mit riesigen Nadelbäumen und niedrig wachsenden Farnen. Hier lebte der frühe Theropode Coelophysis, ein Dinosaurier, der nicht gerade das gefürchtetste Raubtier seiner Zeit war. Diese Rolle spielten Phytosaurier und Rauisuchier, beides große Reptilien und entfernte Verwandte der Dinosaurier. Aber Schnelligkeit und Gewandtheit ermöglichten es Coelophysis, sich von zahlreichen kleinen Wirbeltieren sowie Fischen und Insekten zu ernähren.

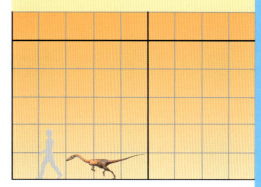

Auf seinen langen, schlanken Hinterbeinen konnte Coelophysis schnell laufen. Die Arme waren ziemlich kurz und mündeten in drei Finger mit kurzen, schmalen Krallen. Er besaß auch einen vierten krallenlosen Finger, dessen Funktion nicht bekannt ist. Coelophysis besaß viele kleine, stark gekrümmte, scharfe Zähne mit sägeartig gezackten Kanten.

Waren sie Kannibalen?

Von Coelophysis wurden hunderte Skelette aller Altersstufen entdeckt. Im Bereich des Brustkorbs zweier erwachsener Tiere lagen die Knochen junger Coelophysiden. Erst nahm man an, dass sie von frisch geschlüpften Tieren stammen. Die Knochen waren jedoch für Neugeborene viel zu groß. Vermutlich waren die Jungtiere von den eigenen Artgenossen aufgefressen worden!

Dinosaurier im Weltall!

Coelophysis war der erste Dinosaurier im Weltall! Ein Schädel wurde 1998 an Bord der Raumfähre Endeavour zur Raumstation Mir mitgenommen. Er kehrte unversehrt zur Erde mit zurück.

▲ *Die meisten Überreste von Coelophysis stammen von einer Fundstelle in New Mexico, der Ghost Ranch. Die dort erhaltenen Tiere waren offenbar Opfer einer Katastrophe geworden.*

Dilophosaurus

Dieser Dinosaurier ist einer der am längsten bekannten großen Fleischfresser. Fossilien von Dilophosaurus wurden in Gesteinsformationen des Unteren Juras in den Wüsten Arizonas, USA, entdeckt. Zu seiner Zeit war er der größte Raubsaurier Nordamerikas und jagte wahrscheinlich kleine Pflanzenfresser wie den Ornithischier Scutellosaurus und den Prosauropoden Ammosaurus. Sein Schädel zeichnet sich durch zwei merkwürdige Kämme aus, die sich von den Nasenöffnungen nach oben erstrecken und über den Kopf nach hinten verlaufen.

Der Schädel von Dilophosaurus ist so ungewöhnlich, dass seine Kämme nach Entdeckung des ersten Skeletts noch gar nicht als solche erkannt wurden. Anfangs hielt man sie für Knochen, die durch den ungeheuren Druck während der Versteinerung verformt worden waren. Erst als später ein besser erhaltener Schädel freigelegt wurde, erkannte man die seltsamen Kämme. Sie saßen paarweise auf dem Kopf und liefen v-förmig über diesen nach hinten auseinander. Sie bestanden aus Knochen, waren jedoch zu dünn, um eine Schutzfunktion erfüllt zu haben. Vielleicht dienten sie als Erkennungs- oder Rangzeichen für andere Dilophosaurier. Da drei Skelette von Dilophosaurus am gleichen Ort entdeckt wurden, vermutet man, dass sie auch in Herden zusammen lebten.

Ein beachtlicher Jäger

Zwar könnte Dilophosaurus im Rudel gejagt haben, doch er besaß auch viele Merkmale, die ihn zur Einzeljagd befähigten. Lange, kräftige Hinterläufe lassen darauf schließen, dass er schnell laufen konnte. Die Zehen endeten in langen Krallen, um Halt auf dem Boden zu finden und Beute auf den Boden zu pressen. Der erste Finger seiner Hand könnte als Daumen benutzt worden sein. Dann hätte Dilophosaurus eine Greifhand besessen, um Beute zu fangen und festzuhalten. Die Kiefer waren mit großen, klingenförmigen Zähnen bestückt.

Chinesischer Verwandter?

In China wurde im Gestein aus dem Unteren Jura ein Dinosaurier entdeckt, der Dilophosaurus sehr ähnlich ist. Der Schädel besitzt die gleichen, paarweise nach hinten verlaufenden Kämme. Andererseits gibt es Merkmale, durch die sich das Tier von seinem amerikanischen Verwandten unterscheidet. Beide Dinosaurier besitzen unterschiedlich viele und anders geformte Zähne. Die Schädelöffnungen, in denen die Kiefermuskeln und Drüsen saßen, haben verschiedene Ausmaße und Formen und befinden sich an anderer Stelle. Ähnliche Schädelkämme wurden inzwischen auch bei Theropoden gefunden, die mit Dilophosaurus nicht eng verwandt sind. Die Wissenschaftler werden also noch weiter diskutieren müssen, ob der chinesische Dinosaurier ein Dilophosaurus ist.

Die auffälligen Kämme von Dilophosaurus saßen auf dem Schädeldach. Der Schädel war leicht und die Schnauzenspitze mit dem Rest des Oberkiefers nur schwach verbunden. Die Schneidezähne wurden wahrscheinlich eher zum Herausreißen des Fleisches von Beutetieren als zum Zubeißen benutzt. Diese Aufgabe erfüllten die stärkeren Zähne hinten in den Kiefern. ▼

Dilophosaurus

FAKTEN

Gattung: Dilophosaurus

Systematik: Theropoda, Ceratosauria, Halticosauridae

Länge: 6–7 m

Gewicht: 300–450 kg

Zeit: Unterer Jura, vor 206 bis 194 Millionen Jahren

Fundort: Arizona, USA, und möglicherweise in Südchina

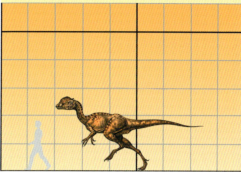

◄ Wie bei vielen Fleisch fressenden Dinosauriern ist der Schädel im Vergleich zum Körper groß. Der Hals ist ungewöhnlich lang und wird durch Muskeln stabilisiert. An jeder Hand sitzen vier Finger. Die späteren Theropoden besaßen nur drei oder weniger. Dilophosaurus zählt deshalb zur Gruppe der Ceratosaurier.

▲ Dilophosaurus wurde in den USA und möglicherweise in Südchina gefunden.

Allosaurus

Allosaurus war der größte Raubsaurier während des Oberen Juras in Nordamerika. Von allen Theropoden ist er für Wissenschaftler der interessanteste, weil sie mehr über seinen Körperbau, sein Vorkommen und seine Lebensweise wissen als über jeden anderen Fleisch fressenden Dinosaurier.

Die meisten Erkenntnisse über Allosaurus stammen von Funden aus den westlichen USA. Seinen Namen erhielt er 1877 von Othniel Marsh, als in Colorado ein unvollständiges Skelett entdeckt wurde. Weitere Allosaurus-Skelette wurden in South Dakota, Utah, Montana, Wyoming und New Mexico gefunden. Bis heute sind viele vollständige Skelette, verschiedene ganze Schädel und einzelne Knochen bekannt. Die spektakulärsten Funde stammen aus einem Steinbruch in Utah, wo hunderte Allosaurus-Knochen zusammen mit solchen der Sauropoden Camarasaurus und Apatosaurus gefunden wurden.

Jagen und Fressen

Allosaurus war wie die meisten anderen Theropoden ein Fleischfresser. Am häufigsten waren zu dieser Zeit in Nordamerika die riesigen Pflanzen fressenden Sauropoden. Da Allosaurus nicht groß genug war, um ausgewachsene Sauropoden zu bedrohen, jagte er wahrscheinlich junge, kranke oder schwache Tiere. Vermutlich konnte Allosaurus wegen seiner Größe nicht besonders schnell laufen. Schnelligkeit war jedoch für die Jagd auf Sauropoden nicht notwendig, da sich diese Tiere nur langsam fortbewegten. In erster Linie ernährte sich Allosaurus wohl von kleineren Pflanzenfressern wie Camptosaurus und Stegosaurus sowie von kleinen Theropoden, Echsen und Säugetieren. Weil Allosaurus zu langsam war, um seine Beute zu verfolgen, lauerte er vermutlich in einem Hinterhalt, um sie dann zu überfallen. Außerdem könnte sich Allosaurus auch von Aas ernährt haben.

Ungewöhnliches Merkmal

Auffälliges Merkmal von Allosaurus sind die Knochenkämme, die vor jedem Auge sitzen. Manche Schädel weisen große, spitze Knochenkämme auf, während andere Schädel kleine, flache Knochenkämme besitzen. Die Funktion der Knochenkämme ist noch unbekannt, jedoch vermutet man, dass die unterschiedlichen Größen und Formen die beiden Geschlechter repräsentieren. Männliche Tiere könnten einen großen, spitzen Kamm und Weibchen die kleineren, flachen Kämme besessen haben. Vielleicht war es auch umgekehrt oder so, dass sie eine ganz andere Funktion hatten.

▲ *Allosaurus konnte sich mit den nach hinten gebogenen Zähnen in seiner Beute verbeißen und sie festhalten, auch wenn das Opfer zu fliehen versuchte. Die sägeartig gezackten Zähne durchschnitten auch die dickste Haut.*

▲ *Seine Hände besaßen je drei Finger und konnten jedes Tier, das ihm zu nahe kam, greifen und festhalten. Auf jedem Finger saß eine scharfe, gekrümmte Kralle.*

FAKTEN

Gattung: Allosaurus

Systematik: Theropoda, Tetanurae, Allosauridae

Länge: bis zu 12 m

Gewicht: bis zu 2 t

Zeit: Oberer Jura, vor 156 bis 144 Millionen Jahren

Fundort: westliche USA, Portugal und möglicherweise Australien

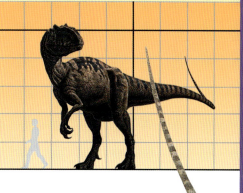

▲ Der Schädel von Allosaurus besaß kräftige Kiefer, die geeignet waren Beutetiere zu zerfetzen. Sein Hals war stark genug die Beute festzuhalten, auch wenn sie sich wehrte. Beachte die spitzen Knochenkämme, die vor den Augenhöhlen sitzen.

Allosaurus

▲ Auch wenn die meisten Funde von Allosaurus aus den USA stammen, lebte er wahrscheinlich auch in Europa, das zu jener Zeit nahe an den USA lag. Darauf lassen Funde schließen, die kürzlich in Gesteinen des Oberen Juras in Portugal entdeckt wurden. Noch verwirrender ist, dass auch in Australien ein Allosaurus aus der Unterkreide gefunden wurde. Dieser Fund ist jedoch noch nicht wissenschaftlich gesichert.

Allosaurus

Ein Allosaurus überfällt einen kleinen Pflanzen fressenden Dryosaurus. Obwohl Allosaurus ein wilder Jäger war, konnte ihm der schnelle Dryosaurus leicht entkommen. Allosaurus lauerte deshalb seiner Beute aus dem Hinterhalt auf.

Baryonyx

Baryonyx wurde 1983 in einem südenglischen Steinbruch entdeckt. Der Fund war überraschend und wichtig, weil Paläontologen schon seit Jahren in diesem Steinbruch Fossilien fanden, aber nie einen Hinweis für die Existenz dieses Dinosauriers entdeckten. Hinzu kommt, dass sich Baryonyx im Aussehen und der Ernährungsweise von anderen Dinosauriern unterscheidet.

Der Schädel von Baryonyx war sehr lang, flach und schmal. Die Nasenöffnungen saßen nicht wie bei anderen Theropoden an der Schnauzenspitze, sondern etwa 10 cm dahinter. Die Zähne waren breiter und feiner gezackt als die anderer Fleischfresser, sodass sie besser zum Zupacken als zum Schneiden geeignet waren. Am Ende der Kiefer saßen größere Zähne, die rosettenartig aus dem Knochen ragten. Manche heutigen Krokodilarten wie der Gavial in Südasien besitzen eine Schädelform wie Baryonyx und fressen Fische. Daraus kann man schließen, dass sich auch Baryonyx von Fischen ernährte.

Fische als Nahrung

Die rosettenförmige Struktur seiner Zähne ermöglichte es Baryonyx, die zappelnden, schlüpfrigen Fische zu packen und sicher festzuhalten. Da seine Nasenöffnungen nicht an der Schnauzenspitze lagen, konnte er die Schnauze unter Wasser halten und gleichzeitig auch atmen. Seine Arme waren sehr stark und mündeten in riesigen Krallen, mit denen er die Fische angelte. Einschließlich der Hornscheide war die größte Kralle fast 30 cm lang.

Zu der Zeit, als Baryonyx lebte, herrschte in England ein subtropisches Klima. Er lebte in riesigen Flussmündungen nahe am Meer. Große Fische, von denen einige bis zu 4 m lang wurden, schwammen in diesen Gewässern. Im Magen eines Baryonyx-Fossils fand man Nahrungsreste wie Schuppen oder Fischzähne.

Eine andere Erklärung

Einige Merkmale von Hand und Schädel lassen vermuten, dass Baryonyx auch ein Aasfresser war.

Mit seinen starken Armen und Krallen könnte er Kadaver aufgerissen haben. Wegen der günstigen Lage der Nasenöffnungen hätte Baryonyx mit seiner Schnauze tief in Kadaver eindringen und immer noch atmen können. Überreste junger Iguanodonten, die man im Bauchbereich von Baryonyx fand, unterstützen die Annahme, dass er sich nicht ausschließlich von Fisch ernährte.

▲ Die flache, schmale Form seines Schädels erlaubte es Baryonyx, sich schnell im Wasser fortzubewegen. Der Unterkiefer besaß doppelt so viele Zähne wie der Oberkiefer. So konnte Baryonyx die schlüpfrigen Fische sicher packen.

Baryonyx war ein großes Tier und die Fische, die er fraß, waren wahrscheinlich ebenfalls groß. Um seine Beute in kleine Stücke zu reißen, benutzte Baryonyx wahrscheinlich nicht seine Kiefer, sondern die kräftigen Krallen. Beachte die stämmigen, kurzen Armknochen! ▼

FAKTEN

Gattung: Baryonyx

Systematik: Theropoda, Spinosauroidea, Spinosauridae

Länge: bis zu 12 m

Gewicht: 1,5–2 t

Zeit: Unterkreide, vor 125 bis 119 Millionen Jahren

Fundort: Südwesten von England und Spanien

Baryonyx

▲ Obwohl enge Verwandte in Nordafrika und Südamerika gefunden wurden, ist Baryonyx nur aus dem Süden Englands und aus Spanien bekannt.

Baryonyx

Baryonyx war einer der wenigen Dinosaurier, die sich von Fischen ernährten. Mit seinen scharfen Krallen und seiner langer Schnauze angelte er in den Gewässern nach ihnen.

Carcharodontosaurus

FAKTEN

Gattung: Carcharodontosaurus

Systematik: Theropoda, Tetanurae, Allosauridae

Länge: 8–14 m

Gewicht: 7–8 t

Zeit: Oberkreide, vor 113 bis 97 Millionen Jahren

Fundort: Nordafrika

Den Theropoden Carcharodontosaurus traf das Unglück, gleich zweimal unterzugehen. Nachdem er in der Oberkreide ausgestorben war, wurden bei einem Bombenangriff während des Zweiten Weltkriegs auch noch einige der fossilen Überreste in einem deutschen Museum zerstört. Glücklicherweise konnten kürzlich Expeditionen interessantes neues Material von Carcharodontosaurus in Nordafrika ausgraben. Diese jüngsten Entdeckungen zeigen, dass er eines der größten Landraubtiere der Erde gewesen ist.

Wo sich heute die Sahara über Nordafrika erstreckt, war während der Oberkreide üppiges grünes Land. Carcharodontosaurus lebte dort an den Ufern großer Flüsse, wo er die Gegend nach Beute durchstreifte. Sein Schädel war noch länger als der des riesigen nordamerikanischen Theropoden Tyrannosaurus rex. Ein anderer gewaltiger Theropode, Gigantosaurus aus Südamerika, war ähnlich groß wie Carcharodontosaurus und eng mit ihm verwandt: Ihre riesige Körpergröße scheint von einem gemeinsamen Vorfahren abzustammen. Die beiden Riesen waren zusammen mit dem entfernt verwandten Tyrannosaurus die gefürchtetsten Jäger ihrer Zeit. Sie konnten die größten Beutetiere schlagen und allen anderen die Beute abjagen. Ihre bloße Größe reichte schon aus, um Konkurrenten zu vertreiben.

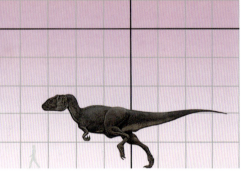

Winzig wirkt der Schädel des Menschen neben dem von Carcharodontosaurus. Der Durchmesser betrug 1,6 m. Er war länger als der von Tyrannosaurus. ▼

In vielen nordafrikanischen Ländern wurden Überreste von Carcharodontosaurus gefunden, darunter Marokko, Ägypten, Tunesien, Algerien, Libyen und Niger. ▼

Fossilien erkennen

An der einzigartigen Form seiner Zähne sind Überreste von Carcharodontosaurus leicht zu erkennen, selbst wenn darüber hinaus nur Bruchstücke des Skelettes erhalten sind. Kleine Furchen, die von den für Theropoden charakteristischen Zacken ausgehen und über die Oberfläche der Zähne verlaufen, zeigen, dass es sich um Fossilien eines Carcharodontosaurus handeln muss.

Compsognathus

Compsognathus, der erstmals in den 1850er-Jahren in Deutschland entdeckt wurde, war einer der kleinsten Dinosaurier. Vom Kopf bis zum Schwanz maß er weniger als einen Meter. Seine Knochen waren klein und zerbrechlich. Zum Glück für die Wissenschaftler lebte Compsognathus in der Nähe eines stillen Sees. Nach seinem Tod versank der Kadaver im Grund des Sees. Das ruhige Gewässer bot genügend Schutz, sodass die zarten Knochen nicht schon vor ihrer Versteinerung zerfielen.

FAKTEN
Gattung: Compsognathus

Systematik: Theropoda, Coelurosauria, Compsognathidae

Länge: 60–100 cm

Gewicht: 2,5 kg

Zeit: Oberer Jura, vor 156 bis 150 Millionen Jahren

Fundort: Bayern und Südfrankreich

Compsognathus bewegte sich auf seinen beiden Hinterbeinen fort. Da sie lang und schlank waren, ist es wahrscheinlich, dass er auch schnell laufen konnte. Sein Körper dagegen war etwas tonnenförmig. Bauchrippen schützten den Verdauungstrakt und die anderen Organe. Auch die Arme waren lang und schlank. An den Händen saßen nur zwei große Finger, ein dritter war verkümmert. Trotzdem konnte Compsognathus seine Beute bei der Jagd gut greifen und festhalten.

▲ Compsognathus besaß hohle Beinknochen, einen leichten Schädel und einen langen dünnen Schwanz, der nach hinten abstand.

Kleine Beutetiere
Die Zähne von Compsognathus waren scharf und spitz, Unterkiefer und Kopf aber recht schmal und nicht besonders stark. Kleine Wirbeltiere wie Echsen und Säugetiere oder Insekten dürften auf seinem Speiseplan ganz oben gestanden haben. Das Skelett einer kleinen Echse wurde in der Körperhöhle des in Deutschland gefundenen Compsognathus entdeckt. Das beweist, dass Compsognathus ein beweglicher, flinker Räuber war, der kleine, schnelle Beutetiere wie Echsen erlegen konnte.

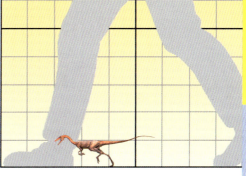

▲ Von Compsognathus sind zwei Skelette bekannt – eines aus Bayern und eines aus Südfrankreich, das 1972 entdeckt wurde.

Oviraptor

Vor 80 Millionen Jahren war das Gebiet, wo sich heute die Wüste Gobi erstreckt, die Heimat zahlreicher Dinosaurier und Säugetiere. Hier waren besonders der hornlose Protoceratops, der Fleischfresser Velociraptor und verschiedene Ankylosaurierarten verbreitet. Von einem sehr ungewöhnlichen Dinosaurier wurden dort ebenfalls Skelette entdeckt – von Oviraptor, einem kleinen Theropoden mit kurzem gewölbtem Schädel, zahnlosem Schnabel und einem bizzarren Kopfkamm.

Eine kurze, hohe Schnauze mit einem tiefen, gekrümmten Kiefer, ein weiter Hornschnabel und viel Platz für massive Kiefermuskeln – all das weist darauf hin, dass Oviraptor einen kräftigen Biss besessen haben muss. Oviraptor ernährte sich wahrscheinlich von kleinen Säugetieren und Echsen, die er mit seinem Schnabel zerdrückte. Einige Wissenschaftler meinen jedoch, dass er Schalentiere oder Pflanzen fraß. ▼

Der Kamm war zu Lebzeiten wohl mit einer Hornscheide bedeckt, so wie das beim Kamm des heutigen Kasuars der Fall ist. Kasuare sind schnelle Laufvögel, die mit ihrem Kopfschmuck Blätter und Zweige zur Seite drücken und sich so einen Weg durch das dichte Unterholz bahnen. Man nahm an, dass Oviraptor seinen Kamm in gleicher Weise einsetzte. Doch in der mongolischen Heimat Oviraptors herrschte ein ziemlich trockenes Klima, sodass wohl nur wenig dichtes Unterholz vorhanden war. Möglicherweise diente der Kamm auch als Schmuck und zur Erkennung von Artgenossen.

Beschreibung von Oviraptor

Der Schädel von Oviraptor war äußerst ungewöhnlich. Er besaß viele Öffnungen und bestand an manchen Stellen nur aus sehr dünnen Knochenstreben. Der gedrungene Schädel hatte eine sehr kurze Schnauze mit Kiefern, in denen keine Zähne steckten. Stattdessen waren Gaumendach und Mundboden zu einer breiten, knöchernen Oberfläche ausgeweitet. Zu Lebzeiten des Tieres bedeckte diese Fläche ein Hornschnabel mit scharfen Kanten. Der Kamm erhob sich oberhalb der Nüstern und erstreckte sich nach hinten bis vor die Augenhöhlen. Er hatte ebenfalls viele Öffnungen und Luftkammern.

Oviraptor besaß ein Brustbein oder Gabelbein, das dem moderner Vögel glich. Seine Arme waren lang und dünn. Ein sichelförmiger Knochen im Handgelenk ermöglichte ihm seine Hand zu drehen. Der Daumen war wesentlich kürzer als die beiden anderen Finger. Jeder Finger besaß eine große, schmale Kralle. Die Hinterbeine waren lang und schlank und der Schwanz war kurz. Oviraptor war wohl ein flinker Läufer.

Die Entdeckung von Oviraptor

Eine Forschergruppe des American Museum of Natural History startete 1923 zu einer Expedition in die Mongolei, um nach Fossilien der frühesten Menschen zu suchen. Man entdeckte nicht ein einziges menschliches Fossil, dafür aber eine Fülle von Dinosaurier- und Säugetierfossilien. Darunter viele Fossilien von Protoceratops sowie Nester mit zahlreichen Dinosauriereiern, die man Protoceratops zuordnete. Auf einem der Gelege wurden das unvollständige Skelett und der Schädel eines einzigartigen neuen Theropoden gefunden, der offensichtlich jäh verendet sein muss, während er Eier aus dem Protoceratops-Nest stahl. Dieses Tier wurde Oviraptor philoceratops genannt, was „Ceratopsier liebender Eierdieb" bedeutet.

Oviraptor

FAKTEN

Gattung: Oviraptor

Systematik: Theropoda, Coelurosauria, Oviraptorosauria

Länge: 1,5–2,5 m

Gewicht: ca. 25–35 kg

Zeit: Oberkreide, vor 80 bis 73 Millionen Jahren

Fundort: Wüste Gobi, China und Mongolei

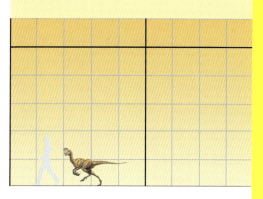

◄ Die offene Struktur des Schädels ist in dieser Zeichnung dargestellt. Die vergrößerten Augenhöhlen zeigen, dass Oviraptor große Augen hatte und scharf sehen konnte.

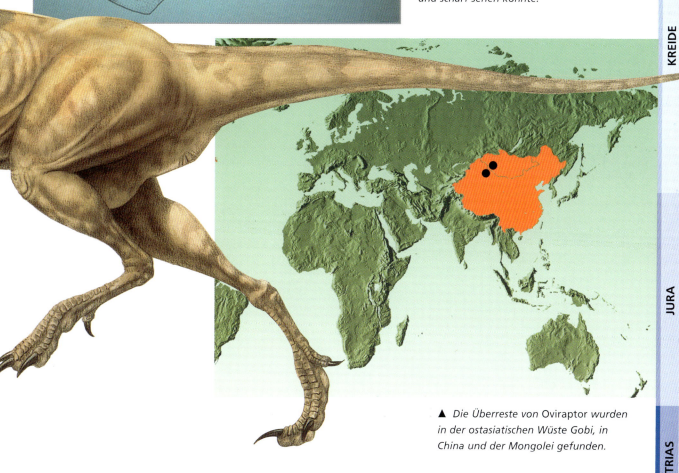

▲ Die Überreste von Oviraptor wurden in der ostasiatischen Wüste Gobi, in China und der Mongolei gefunden.

Oviraptor – neu bewertet

In einem versteinerten Ei wurde 1993 ein junger Oviraptor gefunden. Das Ei gehörte zu einem Nest, das ursprünglich Protoceratops zugerechnet wurde. Diese Zuweisung erwies sich mit der Entdeckung des Baby-Oviraptor als falsch: Die Oviraptoren, die auf den Gelegen gefunden worden waren, hatten keine Eier geraubt, wie man zunächst annahm, sondern diese ausgebrütet! Vermutlich kamen sie bei einem Sandsturm um, während sie ihre Eier zu schützen versuchten.

Besaß Oviraptor Federn?

Das Gestein, in dem Skelette von Oviraptor entdeckt wurden, bewahrte nur sehr selten weiches Gewebe. Doch möglicherweise besaß Oviraptor eine Art Flaum- oder Federkleid wie andere eng verwandte Theropoden auch. Federn, insbesondere an den Armen, wären beim Brüten hilfreich gewesen oder hätten in der heißen Mittagssonne den Eiern kühlen Schatten spenden können.

▲ Mitglieder der zentralasiatischen Expedition des American Museum of Natural History entdeckten 1923 diese Eier und Nester. Das war der erste echte Beweis, dass Dinosaurier Eier legten.

Oviraptor sitzt auf seinem Nest und bebrütet sein Gelege wie heute ein Vogel. Seine Arme sind seitlich nach hinten angelegt, um den Eiern mehr Wärme und Schutz zu geben.

Oviraptor

Therizinosaurus

Von allen Tieren, die jemals gelebt haben, besaß der geheimnisvolle Therizinosaurus die größten Krallen. Auch sein Name leitet sich von den riesigen, sichelförmigen Krallen an den Händen ab. Die besten Fossilien wurden in der mongolischen Wüste Gobi entdeckt. Man fand einen gewaltigen Arm und ein Schulterblatt. Wegen der wenigen gut erhaltenen Überreste kann die Lebensweise dieses Dinosauriers nur sehr schwer erschlossen werden.

Die ersten Krallen von Therizinosaurus wurden 1948 entdeckt. Man hielt sie zuerst für Überreste einer riesigen Schildkröte. Spätere Funde enthielten jedoch mehrere Zähne, unvollständige Vorderbeine, eine riesige Kralle, einige Bruchstücke von Hinterbeinen sowie einen charakteristischen vierzehigen Fuß. Dies zeigte, dass die mächtigen Krallen tatsächlich von einem Dinosaurier stammen mussten. Die Frage, zu welcher Art dieser Dinosaurier gehörte, war wesentlich schwieriger zu beantworten und beschäftigte die Wissenschaft lange. Schließlich kam man in den 1990er-Jahren zu dem Ergebnis, dasss Therizinosaurus ein Theropode gewesen sein muss. Allerdings unterschied er sich so stark von allen anderen Theropoden, dass er einer eigenen Art zugeordnet wurde.

Mächtige Muskeln
Die meisten Theropoden besaßen verhältnismäßig kleine Krallen an ihren Händen und ihre Arme waren gewöhnlich nicht sehr kräftig. Die Länge der Krallen von Therizinosaurus betrug aber etwa ein Viertel der Arme – 60 cm lange Krallen an einem 2,50 m langen Arm! Die Armknochen sind wuchtig und weisen Vorsprünge und Narben auf, an denen extrem kräftige Muskeln angesetzt haben könnten. Und es scheint, dass Therizinosaurus auch mächtige Schultermuskeln besessen hat. Daraus folgt, dass er ungewöhnlich muskulöse Arme besessen haben muss.

Wie sah er aus?
Da nur wenige Knochen von Therizinosaurus bekannt sind, bleibt sein Aussehen ein Geheimnis. Einige Wissenschaftler glauben, dass er ein wenig dem frühen Prosauropoden Plateosaurus ähnelte, der einen mittellangen Hals und einen kleinen Kopf besaß. Andere vermuten, dass er kürzere Hinterbeine und einen kürzeren Schwanz besaß.

Nahe Verwandte?
Viele Knochen von Therizinosaurus gleichen denen zweier anderer Dinosaurier, die in derselben Gegend im Gestein gleichen geologischen Alters gefunden wurden: Segnosaurus und Erlikosaurus. Alle drei Dinosaurier scheinen eng miteinander verwandt zu sein. Ein gut erhaltener Schädel von Erlikosaurus könnte Hinweise auf die mögliche Lebensweise von Therizinosaurus geben. Erlikosaurus hatte einen langen, schmalen und leichten Schädel mit einem Hornschnabel. Die kleinen, blattförmigen Zähne zeigen, dass Erlikosaurus in erster Linie ein Pflanzenfresser war, wenngleich er gelegentlich auch kleine Echsen und Säugetiere gejagt haben könnte. Vielleicht hat Therizinosaurus dieselbe Nahrung bevorzugt – trotz seiner langen Krallen? Mit diesen könnte er nach den Pflanzen gegriffen haben. Zu bedenken ist dabei jedoch, dass es unter den Theropoden nur sehr wenige Pflanzenfresser gab. Das Bild von Therizinosaurus bleibt geheimnisvoll.

▲ *Die Krallen von* Therizinosaurus *waren nicht sehr stark gekrümmt und zum Festhalten zappelnder Beutetiere kaum geeignet. Aber er könnte damit fleischige Pflanzenstängel oder Termitenhügel aufgeschlitzt oder sie zur Verteidigung gegen große Fleischfresser eingesetzt haben.*

Therizinosaurus

FAKTEN

Gattung: Therizinosaurus

Systematik: Theropoda, Coelurosauria, Therizinosauroidea

Länge: unbekannt, jedoch groß – eventuell bis zu 11 m

Gewicht: bis zu 6 t

Zeit: Oberkreide, vor 70 bis 65 Millionen Jahren

Fundort: Mongolei, nördliches China

◄ Die Rekonstruktion der riesigen Arme von Therizinosaurus verdeutlicht, wie muskulös sie einst gewesen sein müssen. Noch ist ungeklärt, wofür er so starke Arme brauchte.

Fossilien von Therizinosaurus und seinen Verwandten wurden nur in den Wüsten der Mongolei und in Nordchina gefunden. ▼

Pelecanimimus

Pelecanimimus war einer der ersten vogelartigen Laufsaurier, die man als Ornithomimosaurier bezeichnet. Von ihm ist nur ein einziges unvollständiges Skelett bekannt, zu dem jedoch ein wunderbar erhaltener Schädel sowie zahlreiche Hautabdrücke gehören. Pelecanimimus ist der einzige Laufsaurier, der in Europa gefunden wurde. Entdeckt wurde er in einem Gestein, das eindeutig älter ist als jenes, das die Überreste anderer Ornithomimosaurier barg.

Die Schnauze von Pelecanimimus *war mit Zähnen ausgestattet. Während der gesamte Unterkiefer mit ihnen besetzt war, besaß der Oberkiefer nur vorn Zähne.* ▼

Am Schädel von Pelecanimimus *sind mehrere kleine Knochenkämme zu erkennen. Ihre Funktion ist unbekannt.* ▼

Pelecanimimus besaß einen langen, schmalen Kopf mit einem gestreckten, zugespitzten Schnabel. Die meisten Ornithomimosaurier hatten keine Zähne. Ihre Kiefer waren nur mit einem harten Hornschnabel ausgestattet. Das Fehlen der Zähne führte zu der Annahme, dass diese Tiere Omnivoren waren – also Pflanzen und Tiere fraßen. Pelecanimimus aber besaß vorn im Maul 220 winzige Zähne mit sägeartigen Zacken. Diese Zähne waren gut geeignet das Fleisch kleiner Beutetiere zu durchtrennen, aber auch um Blätter und Früchte von den Pflanzen abzureißen.

Hautabdrücke
Abdrücke der Haut von Pelecanimimus wurden rund um das Skelett im Bereich der Kehle, des Halses, der Schulter sowie des Oberarmes gefunden. Ein weiterer Hautabdruck wurde direkt hinter einem kleinen, spitzen Knochenkamm am Hinterkopf entdeckt. Die Hautfetzen unterhalb der Kehle ähnelten ein wenig den fleischigen Hautsäcken heutiger Pelikane. Dieses Merkmal gab Pelecanimimus (Pelikannachahmer) seinen Namen.

Geheimnisvoller Hautsack
Pelikane benutzen ihren Hautsack, um Fische zu fangen und sie darin aufzubewahren. Dagegen ist die Funktion des Hautsackes bei Pelecanimimus unbekannt. Untersuchungen des Gesteins, in dem Pelecanimimus gefunden wurde, ergaben, dass Pelecanimimus in der Nähe eines Sees gelebt hat. Vielleicht benutzte er den Hautsack ebenfalls zum Fischen. Er könnte aber auch prächtig gefärbt oder aufblasbar gewesen sein und dem Imponiergehabe Pelecanimimus gedient haben.

Ein gefürchteter Raubsaurier?
Überreste von großen Karnivoren oder Herbivoren wurden in den Gesteinsschichten, in denen Pelecanimimus entdeckt wurde, bislang nicht gefunden. Man legte lediglich Fossilien kleiner Tiere wie Echsen, Schildkröten oder sogar Vögel frei. Vielleicht war das Nahrungsangebot in dieser Umgebung, in der die kleineren Tiere lebten, für große Dinosaurier nicht ausreichend. Falls dies der Fall gewesen sein sollte, dann wäre Pelecanimimus mit nur 2 m Länge in diesem Gebiet wohl ein gefürchteter Raubsaurier gewesen! Andererseits ist zu bedenken, dass geologische Prozesse, die zur Versteinerung kleinerer Tiere führten, nicht immer auch für eine Versteinerung größerer Tierknochen geeignet waren. Größere Dinosaurier könnten hier durchaus gelebt haben – sie sind nur nicht erhalten oder man hat sie noch nicht gefunden. Die Fundstätte müsste weiter untersucht werden, um zu einem eindeutigen Ergebnis zu kommen.

Pelecanimimus

FAKTEN

Gattung: Pelecanimimus

Systematik: Theropoda, Coelurosauria, Ornithomimosauria

Länge: bis zu 2 m

Gewicht: bis zu 25 kg

Zeit: Unterkreide, vor 125 bis 119 Millionen Jahren

Fundort: Spanien

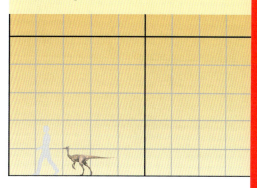

◄ Das einzig bekannte Skelett von Pelecanimimus umfasst Schädel, Hals, Schultern, Teile des Brustkorbes sowie einen vollständigen Arm. Es wurde in einer einzigen großen Kalksteinplatte entdeckt.

▲ Die meisten Fossilien von Ornithomimosauriern wurden in Gesteinen der Oberkreide in Nordamerika und Ostasien gefunden. Einige unvollständige Knochen aus dem Oberen Jura, die von Ornithomimosauriern stammen könnten, wurden in Südengland entdeckt. Das einzige Skelett von Pelecanimimus wurde bei Las Hoyas in Zentralspanien gefunden.

Struthiomimus

Struthiomimus verdankt seinen Namen der verblüffenden Ähnlichkeit mit einem Strauß. Er ist der bekannteste unter den Dinosauriern, die Laufvögeln ähneln. Man bezeichnet sie als Ornithomimiden (Vogelnachahmer).

Der langbeinige und leichte Struthiomimus konnte schnell laufen. Er war vermutlich eines der schnellsten Tiere, die je lebten. ▼

Struthiomimus lief auf seinen beiden Hinterbeinen und besaß einen kurzen, gedrungenen Körper und einen langen, schlanken Hals. Mit dem muskulösen Schwanz hielt er das Gleichgewicht. Dank seiner langen Hinterläufe konnte Struthiomimus große Schritte machen und sehr schnell laufen. Seine Oberschenkel bestanden aus gewaltigen Muskeln, die an der Hüfte und am Schwanzansatz ansetzten. Die muskulösen Beine waren eine lohnende Mahlzeit für umherziehende Fleischfresser. Doch Struthiomimus konnte wegen seiner Schnelligkeit bei Gefahr oft entkommen.

Auch die Herde, in der er lebte, bot ihm Schutz. Mit seinem schmalen, zahnlosen Schnabel ernährte sich Struthiomimus von kleinen Reptilien, Insekten, Pflanzen und Früchten. Zur Verteidigung taugte sein Schnabel nicht. Seine Arme und schlanken Hände benutzte Struthiomimus, um nach Nahrung zu greifen und sie aufzuheben. Seinen langen Hals verwendete er wohl wie andere Laufvögel, die durch blitzartiges Vorschnellen des Kopfes die Nahrung mit dem Schnabel aufpicken.

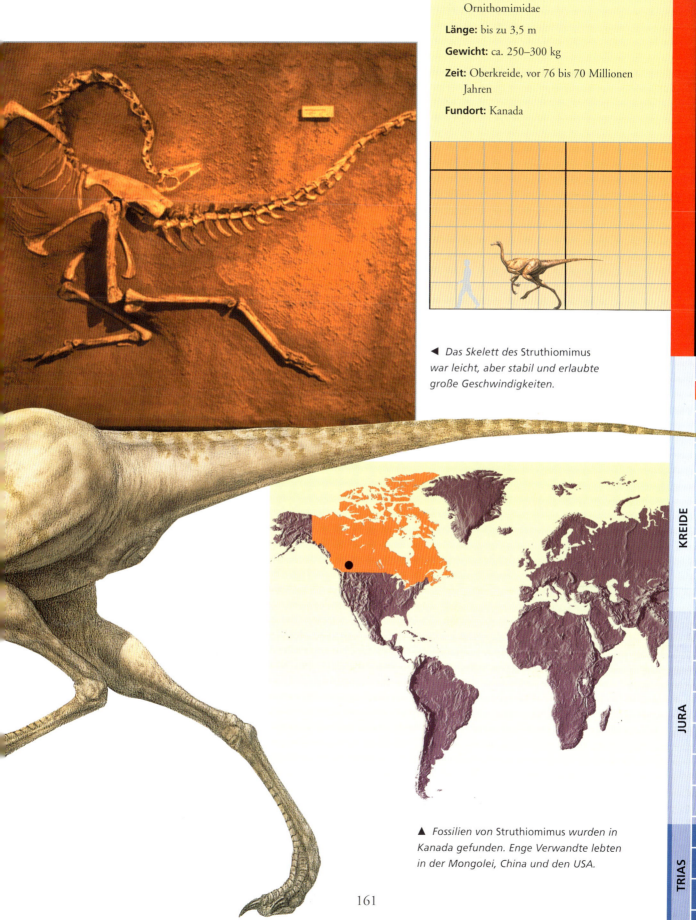

Struthiomimus

FAKTEN

Gattung: Struthiomimus

Systematik: Theropoda, Coelurosauria, Ornithomimidae

Länge: bis zu 3,5 m

Gewicht: ca. 250–300 kg

Zeit: Oberkreide, vor 76 bis 70 Millionen Jahren

Fundort: Kanada

◀ *Das Skelett des* Struthiomimus *war leicht, aber stabil und erlaubte große Geschwindigkeiten.*

▲ *Fossilien von* Struthiomimus *wurden in Kanada gefunden. Enge Verwandte lebten in der Mongolei, China und den USA.*

Troodon

Troodon, ein Dinosaurier der Oberkreide, führte offenbar ein Doppelleben. Einerseits war er ein gefürchteter Fleischfresser, der kleine Echsen und Säugetiere jagte. Andererseits waren die erwachsenen Tiere vermutlich liebevolle und aufmerksame Eltern, die sich mit Hingabe der Pflege ihrer Brut widmeten. Und Troodon war ein intelligenter Dinosaurier. Im Vergleich zur Körpergröße hatte er wohl das größte Gehirn aller Dinosaurier. Dank seines leichten Körpers und seiner langen Beine konnte er sehr schnell laufen.

Zähne von Troodon wurden schon in den 1850er-Jahren entdeckt. Aber erst nachdem man viele Jahre später auch vollständigere Schädel fand, wurde klar, dass man einen neuen Dinosaurier vor sich hatte. Seine stark gekrümmten und abgeflachten Zähne besaßen raue, sägeförmige Zacken an der hinteren Kante. Ein flexibles Handgelenk und ein Daumen, den er unabhängig von den anderen beiden Fingern bewegen konnte, bildeten eine starke Greifhand. Da er auch schnell war, konnte Troodon damit kleine, flinke Echsen und Säugetiere fangen.

Ein intelligenter Jäger

Um eine Vorstellung von seiner Intelligenz zu erhalten, muss man die Größe des Gehirns in Beziehung zur Körpergröße setzen. Daraus ergibt sich, dass Troodon ungefähr so intelligent wie ein Papagei war. Und Papageien sind sehr intelligente Vögel.
Bei Troodon waren die Bereiche des Gehirns, die den Sehvorgang steuern, vergrößert und gut entwickelt. Scharfe Augen waren enorm wichtig für die Jagd. Seine Intelligenz könnte ihn dazu befähigt haben, zusammen mit anderen Artgenossen im Rudel zu jagen und dabei auch größere Beutetiere zur Strecke zu bringen.

Liebevolle Eltern

Krokodile und Vögel sind die engsten lebenden Verwandten der Dinosaurier. Da beide Tierarten ihre Eier in Nester ablegen und sich zum Teil auch um das Gelege kümmern, überrascht es nicht, dass sich Dinosaurier ähnlich verhielten.
Versteinerte Nester von Troodon wurden in Egg Mountain entdeckt, einer für ihre Fossilien berühmten Gegend in Montana (USA). Einige Nester enthielten unversehrte Eier und in einigen waren Überreste junger Troodonten. Da auch Knochen ausgewachsener Tiere bei den Nestern gefunden wurden, glaubt man, dass Troodon sein Gelege bebrütete, so wie es die heutigen Vögel ebenfalls tun.

▲ Troodon *besaß sehr große Augen, die im Dunkeln und in der Dämmerung mehr Licht aufnehmen konnten und für die Jagd nachtaktiver Tiere geeignet waren. Die Augen waren nach vorn gerichtet und ermöglichten* Troodon *räumliches Sehen. Auf diese Weise konnte er seine Beute genauer lokalisieren.*

Troodon

FAKTEN

Gattung: Troodon

Systematik: Theropoda, Coelurosauria, Troodontidae

Länge: 3 m

Gewicht: 50 kg

Zeit: Oberkreide, vor 76 bis 70 Millionen Jahren

Fundort: Montana, Wyoming und vermutlich Alaska, alle USA, sowie Alberta, Kanada

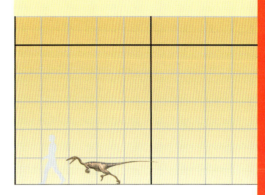

◀ Diese Seitenansicht zeigt gut die Größe des Gehirns und der Augenhöhlen. Beachte auch die scharfen, gezackten Zähne des Fleischfressers.

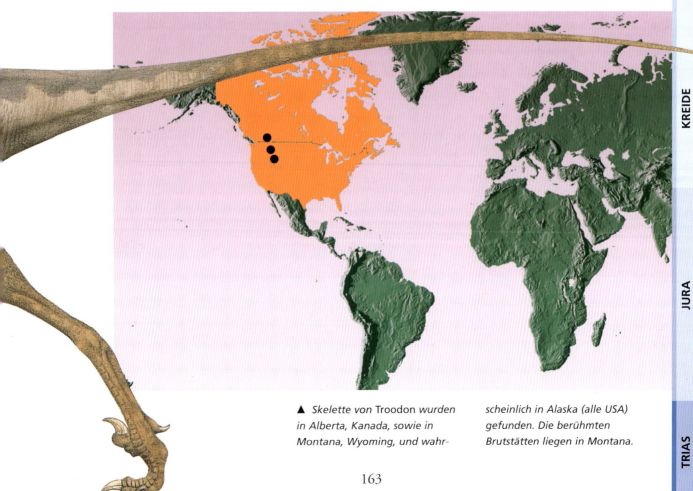

▲ Skelette von Troodon wurden in Alberta, Kanada, sowie in Montana, Wyoming, und wahrscheinlich in Alaska (alle USA) gefunden. Die berühmten Brutstätten liegen in Montana.

Einige Troodonten beobachten verstört eine gigantische Flutwelle. Am Ende der Kreidezeit entstanden in den Meeren solch riesige Flutwellen, nachdem ein großer Meteor auf der Erde eingeschlagen war.

Troodon

Tyrannosaurus

Als 1902 das erste, fast vollständige Skelett eines Tyrannosaurus freigelegt wurde, erkannten die Paläontologen, dass sie einen der bemerkenswertesten und zu seiner Zeit wohl gefürchtetsten Dinosaurier entdeckt hatten. Sein massiger Kopf war über 1,5 Meter lang und besaß große, 20 cm lange, spitze Zähne, die scharf wie ein Rasiermesser waren. Fast einhundert Jahre lang galt Tyrannosaurus als das größte Fleisch fressende Tier aller Zeiten. Doch in Südamerika und Afrika wurden vor kurzer Zeit Raubsaurier entdeckt, die noch größer als Tyrannosaurus waren.

▲ *Schädel eines Tyrannosaurus. Gelenke ermöglichten es, Stöße abzufedern, die beim Reißen der Beute entstanden.*

Im Gegensatz zu den leichteren Schädeln mancher Raubsaurier wie z. B. Allosaurus bestand der des Tyrannosaurus aus schweren, dicken Knochen. Der Hinterkopf war sehr breit und bot Platz für große Kiefermuskeln. Die meisten Zähne waren breiter als die anderer Fleischfresser und an der vorderen und hinteren Kante gezackt. Nur die Zähne vorn im Maul waren kleiner.

Bissmerkmale
Weil die Zähne der verschiedenen Dinosaurier ganz unterschiedlich aussehen, konnten Paläontologen Bissspuren von Tyrannosaurus an fossilen Knochen erkennen, die von Pflanzen fressenden Dinosauriern stammten. Die Zähne von Tyrannosaurus waren keine Schneidewerkzeuge wie die von Allosaurus, sondern eher große Stachel, mit denen er seine Beute durchbohrte und festhielt. Mit Hilfe seiner kräftigen Nackenmuskeln konnte er große Fleischstücke aus dem Beutetier reißen. An den Knochen eines Edmontosaurus wurden tiefe Bisswunden entdeckt, die durch diese „Durchbohren-und-Reißen-Methode" entstanden waren. Die kleinen Vorderzähne benutzte Tyrannosaurus, um schwer erreichbare Fleischteile seiner Beute zu fassen.

▲ *Die schweren Beine liefen in drei breiträumige Zehen aus. An ihren Spitzen prangten scharfe Klauen.*

Knochenbrecher?
Von anderen Funden wissen wir, dass Tyrannosaurus in der Lage war, Knochen zu zerbrechen. Einem Hüftknochen eines Triceratops, der Bissspuren eines Tyrannosaurus aufwies, fehlte ein großes Stück – es war wohl herausgebissen worden. Außerdem fand man in fossilem Kot eines Tyrannosaurus Knochensplitter eines jungen Edmontosaurus. Der Biss eines Tyrannosaurus war dreimal stärker als der eines Löwen.

Aasfresser
Mit Hilfe seines feinen Geruchssinnes war Tyrannosaurus in der Lage, auch das Fleisch toter Tiere aufzuspüren. Und weil er so gefährlich war, konnte er andere Tiere in die Flucht jagen, deren Beute stehlen und diese in aller Ruhe verzehren, bis ihn vielleicht ein anderer, größerer Tyrannosaurus dabei störte.

Tyrannosaurus

FAKTEN

Gattung: Tyrannosaurus

Systematik: Theropoda, Coelurosauria, Tyrannosauridae

Länge: 10–14 m

Gewicht: 4,5–7 t

Zeit: Obere Kreide, vor 68 bis 65 Millionen Jahren

Fundort: Mittelwesten Kanadas und der USA

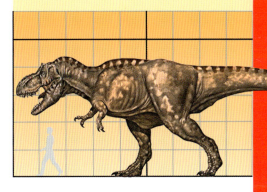

◄ *Tyrannosaurus* konnte mit seinen langen Beinen und der kräftigen Beinmuskulatur wohl recht schnell laufen. Vielleicht lauerte er seiner Beute auch aus dem Hinterhalt auf. Seine Arme waren klein und besaßen jeweils zwei Finger. Sie reichten nicht bis ans Maul, waren aber sehr kräftig.

▲ *Fossilien von Tyrannosaurus wurden in westlichen Gebieten Nordamerikas gefunden. Andere Dinosaurier, die eng mit Tyrannosaurus verwandt waren, lebten in der Mongolei und in China. Manche Forscher glauben, dass es sich um ein und dieselbe Art handelt, weil sie den nordamerikanischen Tyrannosauriern so ähnlich sind. Sollte sich dies als richtig erweisen, dann reichte der Lebensraum von Tyrannosaurus bis nach Asien.*

Tyrannosaurus

Wie viele andere große Fleisch fressende Tiere war Tyrannosaurus fast immer auf Nahrungssuche. Er jagte allein und schlich sich unbemerkt an seine Beute heran, bevor er sich auf sie stürzte.

Deinonychus

FAKTEN

Gattung: Deinonychus

Systematik: Theropoda, Coelurosauria, Dromaeosauridae

Länge: 2,5–3,5 m

Gewicht: 50–70 kg

Zeit: Unterkreide, vor 119 bis 97 Millionen Jahren

Fundort: Montana, Oklahoma, Wyoming und Utah, alle westliche USA

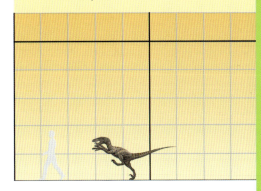

Deinonychus war trotz seiner geringen Größe ein grausamer Fleischfresser. Seine Entdeckung in den 1960er-Jahren führte Paläontologen zu völlig neuen Erkenntnissen, wie Dinosaurier jagten. Deinonychus war nicht wie die meisten größeren Fleischfresser auf einen großen Kopf mit kräftigen Kiefern angewiesen, sondern hielt seine Beute mit den Armen fest und versetzte ihr mit den Füßen einen tödlichen Stoß. Er jagte vermutlich wie Wölfe im Rudel.

Deinonychus und seine engen Verwandten wie z. B. Velociraptor besaßen ein eigentümliches Merkmal – sie gingen nur auf dem dritten und vierten Zeh. An der Spitze des zweiten Zehs saß eine riesige, gekrümmte Kralle, die doppelt so lang war wie die anderen Krallen. Spezielle Beinmuskeln ermöglichten es Deinonychus, diese Kralle wie einen Dolch ins Fleisch seiner Beute zu stoßen. Seine Arme waren ziemlich lang und kräftig und die drei langen Finger endeten in je einer scharfen, gekrümmten Kralle. Deinonychus sprang seine Beute vermutlich mit ausgestreckten Armen und Beinen an, wobei er mit seinem langen, knöchernen Schwanz das Gleichgewicht hielt. Während seine Arme die Beute festhielten, stießen seine Beine mit ihren dolchartigen Krallen zu. Seine Kiefer waren allenfalls dazu geeignet, kleinere Beutetiere anzugreifen oder mit den gekrümmten Zähnen Fleischteile aus der Beute zu reißen. Deinonychus besaß möglicherweise ein Federkleid.

◄ Deinonychus *war ein kleiner bis mittelgroßer Fleischfresser, der wohl im Rudel jagte. So konnte* Deinonychus *auch große Pflanzenfresser wie* Tenontosaurus *angreifen.*

▲ *Fossilien von* Deinonychus *stammen aus den westlichen USA. Sie wurden häufig zusammen mit Skeletten des Ornithopoden* Tenontosaurus *gefunden, den* Deinonychus *wahrscheinlich jagte.*

Velociraptor

Velociraptor war einer der furchterregendsten Dinosaurier und ein grausamer Fleischfresser. Er war klein, schnell und besaß an jedem Fuß eine schreckliche Kralle und in seinen schlanken Kiefern steckten zahlreiche scharfe Zähne. Er jagte wahrscheinlich im Rudel und war dadurch noch gefährlicher. Während die größeren karnivoren Dinosaurier wie der gewaltige Tyrannosaurus rex nicht besonders gewandt waren, erhielt Velociraptor seinen Namen (Schneller Räuber) zu Recht, da es sehr schwer war, diesem flinken Killer zu entkommen.

In mancher Hinsicht ähnelt Velociraptor heutigen Karnivoren wie z. B. den Wölfen. Er hatte ungefähr dieselbe Größe und wahrscheinlich jagte er wie sie. Die Jagd im Rudel erlaubt flinken Raubtieren auch große Beutetiere zu erlegen.

Velociraptor hatte einen langen, flachen Schädel mit schlanken Kiefern, auf denen scharfe Zähne saßen. Sie waren wie Widerhaken nach hinten gebogen, um die Beute festzuhalten. Der Schädel besaß zahlreiche fensterartige Öffnungen, an denen kräftige Kiefermuskeln ansetzten. ▼

Velociraptor war auch ein intelligenter Jäger: Sein Gehirn war im Vergleich zur Körpergröße sehr groß.

Für Schnelligkeit geschaffen

Der Körperbau von Velociraptor war so konstruiert, dass er sich schnell und ungeheuer gewandt bewegen konnte. Sein Rumpf war leicht und kompakt. Velociraptor besaß lange Beine und lange, schlanke Arme sowie einen s-förmig gebogenen Hals. Der Schwanz war durch viele lange, dünne Knochenbänder versteift, die aus speziellen Fortsätzen der einzelnen Schwanzwirbel gebildet wurden. Dieser starre Schwanz diente als „Balancierstange": Mit ihm hielt Velociraptor seinen Körper im Gleichgewicht, sodass er bei der Jagd rasch wenden und sich drehen konnte.

Mörderkrallen

Von allen Merkmalen, die Velociraptor zu einem gefürchteten Jäger machten, waren die scharf gekrümmten Krallen am gefährlichsten. Sie saßen auf dem zweiten Zeh der Füße, hatten eine scharfe Spitze und waren wie die Krallen einer Katze an den Seiten abgeflacht. Beim Laufen hielt Velociraptor die Krallen so, dass sie nicht den Boden berührten und stumpf wurden. Wenn Velociraptor angriff, schnellte die Kralle nach vorne. So funktionierte diese fürchterliche Waffe wie ein Schnappmesser. Mit diesen Krallen konnte Velociraptor den Beutetieren tiefe Schnittwunden zufügen, an denen sie wohl verbluteten.

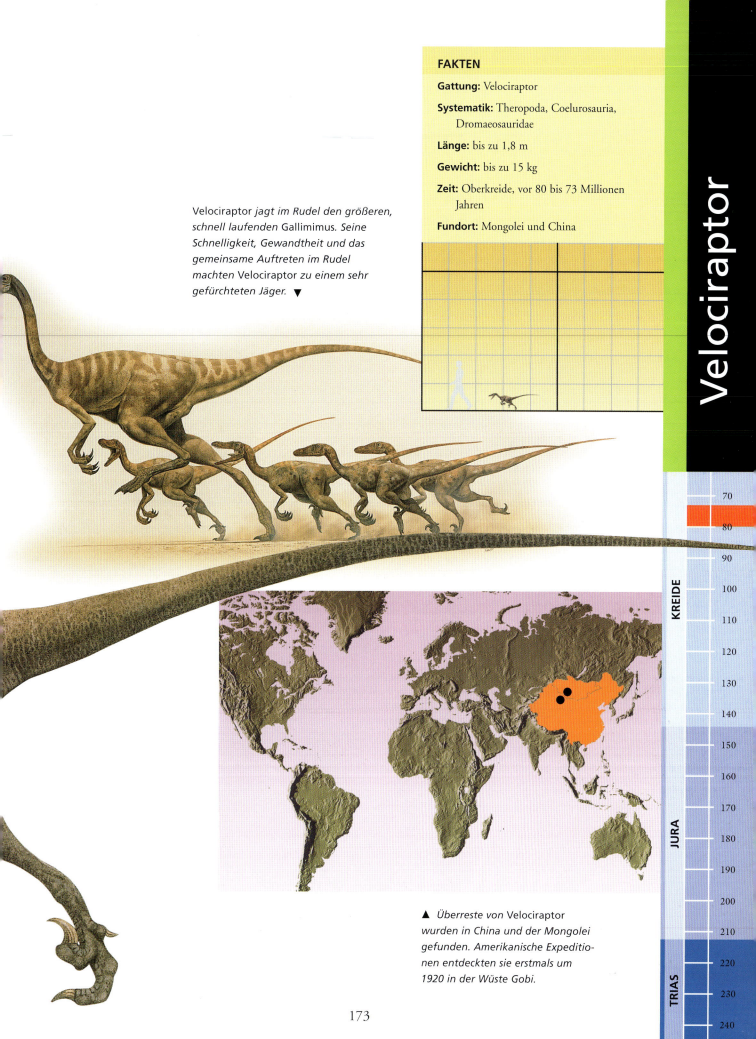

Velociraptor *jagt im Rudel den größeren, schnell laufenden* Gallimimus. *Seine Schnelligkeit, Gewandtheit und das gemeinsame Auftreten im Rudel machten* Velociraptor *zu einem sehr gefürchteten Jäger.* ▼

FAKTEN

Gattung: Velociraptor

Systematik: Theropoda, Coelurosauria, Dromaeosauridae

Länge: bis zu 1,8 m

Gewicht: bis zu 15 kg

Zeit: Oberkreide, vor 80 bis 73 Millionen Jahren

Fundort: Mongolei und China

▲ *Überreste von* Velociraptor *wurden in China und der Mongolei gefunden. Amerikanische Expeditionen entdeckten sie erstmals um 1920 in der Wüste Gobi.*

Velociraptor

Archaeopteryx

Archaeopteryx ist der älteste bekannte Vogel. Während des Oberen Juras lebte er an den Gestaden eines Meeres in Deutschland. Er gehört zu den wissenschaftlich wertvollsten Fossilien, weil Archaeopteryx ein Beleg dafür ist, dass die Vögel aus den Reptilien hervorgegangen sind. Aus der ungewöhnlichen Mischung vogel- und echsenartiger Merkmale bei Archaeopteryx zog man den Schluss, dass er das „fehlende Bindeglied" zwischen den Dinosauriern und den Vögeln ist.

Die Großzehe von Archaeopteryx steht den beiden anderen Zehen gegenüber. So konnte er sich auf Ästen oder Felsen gut festhalten. Ein sichelförmiger Knochen im Handgelenk lässt vermuten, dass er eng mit den Theropoden verwandt ist, von denen einige das gleiche Merkmal besitzen. ▼

Das erste Exemplar fand man 1861 in Kalksteinbrüchen nahe der süddeutschen Stadt Solnhofen. Inzwischen kennt man sieben Skelette von Archaeopteryx – von denen fünf fast vollständig sind. Einige Skelette zeigen an den Flügelknochen Abdrücke versteinerter Federn. Es musste sich also um einen Vogel handeln, da nur sie Federn besitzen. Andere Merkmale ähneln jedoch jenen der Echsen.

Die Lagune als Lebensraum

Weil alle sieben Exemplare am gleichen Ort gefunden wurden, hat man den Kalkstein von Solnhofen untersucht, um mehr über den Lebensraum von Archaeopteryx herauszufinden. Wahrscheinlich segelte er über einem Salzsee durch die Lüfte, der durch ein Korallenriff von den warmen tropischen Meeren abgetrennt war. In der Nähe gelegene Klippen könnten ihm als Ansitz gedient haben.

Kein Fisch als Nahrung

Im Gegensatz zu modernen Vögeln, die einen zahnlosen Hornschnabel haben, besaß Archaeopteryx lange, schlanke Kiefer mit scharfen Zähnen, die leicht nach hinten gebogen waren. Er hatte etwa die Größe einer Elster und seine Hauptnahrung bestand möglicherweise aus Insekten. Obwohl Archaeopteryx am Wasser lebte, ernährte er sich nicht von Fisch. Hierfür gibt es zwei wesentliche Gründe: Die Lagune war zu salzhaltig, als dass darin Fische hätten leben können. Und das Meer hinter dem Riff war so rau, dass es Archaeopteryx nicht wagen hätte können, sich auf Fische hinabzustürzen. Außerdem zeigen die Fossilien, dass er bei weitem nicht so gut fliegen konnte wie moderne Vögel. Im Sturzflug Fische aus dem Meer zu holen – dazu wäre er nicht fähig gewesen.

Brustbein

Ein ungewöhnliches Merkmal von Archaeopteryx ist das vogelartige Brustbein. Bei heutigen Vögeln besteht das Brustbein aus der Verschmelzung der Schlüsselbeinknochen, die quer über dem oberen Brustkorb liegen. Bei Vögeln sind an dieser wichtigen Stelle die starken Flugmuskeln befestigt. Nur wenige fortschrittliche Theropoden wie Velociraptor besaßen ebenfalls ein Brustbein, an dem wahrscheinlich die kräftigen Armmuskeln ansetzten. Die Hand von Archaeopteryx hatte drei einzelne Finger mit Klauen. Dieses Merkmal findet man heute nur noch bei einem einzigen Vogel, dem Hoatzin, der im südamerikanischen Regenwald lebt. Junge Hoatzins benutzen ihre Klauen, um sich an Ästen und Zweigen hochzuhangeln. Archaeopteryx könnte seine Klauen in gleicher Weise benutzt haben. Die Flügelklauen sind ebenso wie der lange knöcherne Schwanz ein echsenartiges Merkmal.

Archaeopteryx

FAKTEN

Gattung: Archaeopteryx

Systematik: Theropoda, Aves, Archaeopterygidae

Länge: 30–50 cm

Gewicht: 500 g

Zeit: Oberer Jura, vor 156 bis 150 Millionen Jahren

Fundort: Süddeutschland

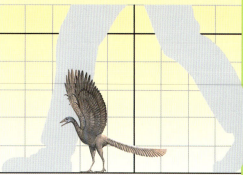

◄ Die Abdrücke der Federn von Archaeopteryx zeigen große Ähnlichkeit mit den Federn heutiger Vögel. Einige Wissenschaftler glauben deshalb, dass er nicht nur von Baum zu Baum glitt, sondern mit Flügelschlag flog. Doch dafür dürfte die Muskulatur von Archaeopteryx nicht kraftvoll genug gewesen sein.

▲ Alle sieben Skelette wurden in Kalksteinablagerungen bei Solnhofen gefunden, einer kleinen Stadt in Bayern.

Baptornis

Baptornis war ein spezialisierter Tauchvogel und lebte in den seichten Meeren, die in der Oberkreide Nordamerika bedeckten. Im Gegensatz zu den heutigen Vögeln besaß Baptornis kleine, scharfe Zahnreihen auf seinen Kiefern. Mit ihnen hielt er die erbeuteten Fische sicher fest, die den Hauptbestandteil seiner Nahrung bildeten.

Baptornis war ein großer Vogel mit einem ungewöhnlich langen Hals, der so beweglich war, dass er ihn blitzschnell nach vorne stoßen konnte, um vorbeischwimmende Fische mit seinem scharfen Schnabel zu fangen. Er ist eng mit einem anderen Tauchvogel der Oberkreide in Nordamerika verwandt, dem Hesperornis (Westlicher Vogel). Beiden Vögeln drohte ständig Gefahr von den großen Meeresreptilien

Baptornis schwamm mit seinen riesigen Schwimmfüßen. Er war ein erfahrener, beweglicher Unterwasserräuber, der sich rasch wenden und drehen konnte, wenn er seiner Beute nachstellte. ▶

wie Mosasaurier. Der berühmte Dinosaurierexperte Othniel Charles Marsh beschrieb in den späten 1870er-Jahren als Erster die fossilen Skelette dieser Vögel. Zusammen mit Archaeopteryx waren sie die ersten wissenschaftlich erfassten Vogelfossilien. Im Gegensatz zu Archaeopteryx konnten weder Baptornis noch Hesperornis fliegen.

Tauchen und Schwimmen

Der Körper von Baptornis, stromlinienförmig wie ein Torpedo geformt, war hervorragend zum Tauchen und Schwimmen geeignet. Baptornis besaß winzige Flügel, mit denen er jedoch nicht fliegen konnte. Der flache Brustknochen deutet darauf hin,

dass die Flugmuskeln zu klein und schwach waren. Möglicherweise nutzte Baptornis die Flügel wie Flossen: Er steuerte mit ihnen durchs Wasser.

Schwimmfüße

Baptornis besaß riesige Schwimmfüße, mit denen er sich im Wasser vorwärts bewegte. Heutige Tauchvögel wie Seetaucher und Eistaucher bewegen sich ähnlich, obwohl diese modernen Vögel große Flügel haben und flugfähig sind.

Leben im Meer

Die Füße von Baptornis saßen so weit hinten am Körper, dass er sich kaum an Land bewegen konnte. Er verbrachte wahrscheinlich die meiste Zeit im Wasser. Auch die Tatsache, dass die Fossilien von Baptornis in Kreidegestein gefunden worden waren, das meist in Küstennähe entstand, unterstützt die Annahme, dass er die meiste Zeit auf offener See verbrachte. An Land ging er wohl nur, um Eier zu legen und seine Jungen aufzuziehen.

176

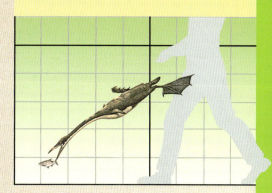

FAKTEN

Gattung: Baptornis

Systematik: Theropoda, Aves, Ornithurae, Hesperornithiformes

Länge: 1 m

Gewicht: 7 kg

Zeit: Oberkreide, vor 83 bis 80 Millionen Jahren

Fundort: Kansas, USA

Baptornis

◀ Die Abbildung zeigt eine Rekonstruktion des Skeletts von Baptornis. Da von ihm nur wenige vereinzelte Knochen bekannt sind, wurde das Skelett von Hesperornis als Vorlage für fehlende Teile benutzt. Beachte die winzigen Flügel und die riesigen paddelförmigen Füße.

Von Baptornis existieren nur wenige, verstreute Knochen, die in Ablagerungen aus der Oberkreide in Kansas, USA, entdeckt wurden. Ein vollständiges Skelett wurde noch nicht gefunden. ▶

177

Iberomesornis

Einige der spektakulärsten Vogelfossilien stammen von einem bemerkenswert fossilienreichen Platz in Zentralspanien, dem berühmten Las Hoyas mit seinen Felsen aus der Unterkreide. Dort fand man Exemplare der frühen Vögel Iberomesornis, Concornis und Eoalulavis. Die Skelettfunde aus Las Hoyas geben einen bedeutsamen Überblick über die frühe Geschichte dieser wichtigen Gruppe.

Dieses Skelett zeigt Iberomesornis, *als läge er auf der Seite. An den Kanten kann man Spuren von Federn entdecken. Das Skelett ist fast vollständig, nur der Schädel und einige Rückenwirbel fehlen.* ▼

Die Felsen von Las Hoyas zeigen, dass Iberomesornis am Rande eines großen, flachen Sees lebte, in dem es auch Krokodile, Schildkröten und viele verschiedene Fische gab. Am Ufer zogen die Dinosaurier Iguanodon und Pelecanimimus entlang, zusammen mit vielen anderen Echsen und Kleintieren. Iberomesornis war etwa sperlingsgroß und ein geschickter Flieger.

Seine Fossilien besitzen für die Wissenschaft eine große Bedeutung, weil diese Vogelskelette einige verblüffende Merkmale aufweisen. Eine Reihe dieser Merkmale findet man auch bei den heutigen Vögeln, während die anderen belegen, dass Iberomesornis viel primitiver war als die uns heute bekannten Vögel.

Pygostyl – ein Bürzel

Iberomesornis war ein fortschrittlicher Vogel. Der Schwanz war nicht so lang und verknöchert wie der von Archaeopteryx. Iberomesornis entwickelte eine kürzere Form der Schwanzwurzel, den so genannten Bürzel. Der Bürzel ist ein kurzer Schwanzknochen, der aus vielen kleinen zusammengewachsenen Knochen besteht. Iberomesornis ist der älteste bekannte Vogel, der dieses Merkmal besitzt. Wahrscheinlich besaß dieser frühe Vogel fächerartige Schwanzfedern, die den größten Teil der Schwanzlänge ausmachten – so wie wir das von heutigen Vögeln kennen.

Kletterfüße

Wenn Vögel wie Spechte, Amseln oder Tauben heute auf einem Ast sitzen, können wir sehen, wie ihre Füße geformt sind. Drei Fußkrallen weisen nach vorn und eine zeigt nach hinten. Mit dieser Anordnung kann sich ein Vogel auf einem Ast gut festhalten. Bei Iberomesornis zeigte der Knochen der Großzehe nach hinten, während die drei anderen Zehen nach vorne standen. Iberomesornis war einer der ersten Vögel, der auf einem Ast sitzen konnte.

Ein guter Flieger

Die Armknochen von Iberomesornis ähnelten stark denjenigen heutiger Vögel. Zudem war das Brustbein, an dem die Flugmuskeln ansetzten, sehr gut entwickelt. Diese Merkmale zeigen, dass Iberomesornis sehr gut fliegen konnte.

Fehlende Stücke

Die wunderbar erhaltenen Fossilien aus Las Hoyas zeigen auch Federn und Spuren innerer Organe. Trotz dieser großartigen Details fehlt allerdings dem Exemplar von Iberomesornis der Schädel, der obere Teil des Halses sowie der Vorderfuß. Ohne den Schädel kann man aber kaum sicher feststellen, was dieser Vogel fraß. Vermutlich ernährte er sich jedoch wie die heutigen Vögel von Insekten.

Iberomesornis

FAKTEN

Gattung: Iberomesornis

Systematik: Theropoda, Aves, Ornithothoraces

Länge: 10 cm

Gewicht: 25 g

Zeit: Unterkreide, vor 125 bis 119 Millionen Jahren

Fundort: Spanien

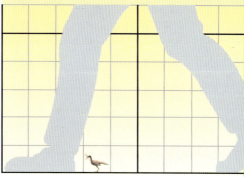

◄ *Obwohl* Iberomesornis *einen Bürzel und Kletterfüße besaß, glichen die Hüftknochen nicht denen moderner Vögel, sondern eher denen von* Archaeopteryx. *Das zeigt, dass* Iberomesornis *ein Bindeglied zwischen* Archaeopteryx *und fortschrittlicheren Vögeln gewesen sein könnte.*

▲ *Fossilien von* Iberomesornis *wurden ausschließlich in Las Hoyas (Zentralspanien) gefunden.*

Aussterben

Das große Sterben

Mehr als 150 Millionen Jahre lang beherrschten die Dinosaurier die Erde. Doch am Ende der Kreidezeit vor ungefähr 65 Millionen Jahren starben sie aus. Mit ihnen gingen zahlreiche andere Tierarten unter, darunter Ammoniten, Meeresreptilien und Pterosaurier. Was waren die Gründe für dieses letzte große Sterben in der Geschichte der Entwicklung des Lebens auf der Erde?

▲ *Mit den Dinosauriern starben am Ende der Kreidezeit viele andere Tiere aus. So auch die Pterosaurier, große fliegende Reptilien (oben), die meisten Meeresreptilien (großes Bild unten: Plesiosaurier beim Fischfang) und viele Fischarten.* ▼

Mehr als hundert verschiedene Theorien wurden über das plötzliche Verschwinden dieser Tiere aufgestellt, doch viele dieser Theorien sind unglaubwürdig. So vermuteten einige Wissenschaftler, dass die Dinosaurier ausstarben, weil kleine Säugetiere all ihre Eier auffraßen. Träfe dies zu, müssten ungeheuer viele Säugetiere gelebt haben. In Wirklichkeit waren diese kleinen Tiere während der Oberkreide sehr selten. Außerdem hatten Dinosaurier und Säugetiere, nachdem sie in der Oberen Trias erstmals erschienen waren, Millionen von Jahren nebeneinander existiert. Wenn Säugetiere tatsächlich so viele Dinosauriereier vernichtet hätten, warum verschwanden die Dinosaurier dann nicht schon viel früher?

Kuriose Theorien

Andere Wissenschaftler glaubten, dass die Dinosaurier durch ein Ansteigen der Temperatur und der Strahlung

der Sonne blind geworden waren. Sie starben dann aus, weil sie verhungerten, sich verletzten oder keine Partner zur Paarung fanden. Bis heute gibt es allerdings keinen sicheren Beweis, dass sich die Sonnenaktivität damals verändert hat. Auch Krankheit wurde als Grund des Sterbens genannt. Jedoch kann man sich nur schwer eine Krankheit vorstellen, die all die verschiedenen Dinosaurierarten tötete, die anderen Tiere aber nicht befiel. Noch viel seltsamere Theorien wurden aufgestellt: Außerirdische hätten die Dinosaurier beseitigt oder die Entwicklung von blühenden Pflanzen hätte zu einer tödlichen Verstopfung bei den Dinosauriern geführt! Keine dieser kuriosen Ideen hat eine wissenschaftliche Grundlage.

Aussterben anderer Tiere

Die meisten dieser Theorien berücksichtigen nicht, dass auch viele andere Tiere am Ende der Oberkreide ausstarben. Aus den Meeren verschwanden viele Fische, Schalentiere, Korallenarten, Meeresreptilien und viele mikroskopisch kleine Tiere, die Foraminiferen. An Land erfuhren Pterosaurier und verschiedene Reptilienarten das gleiche Schicksal. Eine schlüssige Theorie muss erklären, warum auch diese Tiere zu jener Zeit ausstarben.

Was man weiß

Aus Versteinerungen jener Zeit kann man einige Aspekte des großen Aussterbens erschließen. Kein Tier, das schwerer als 50 kg war, hat dieses Ereignis überlebt. Es muss wohl eine weltweite Störung der Nahrungsketten und Lebensräume gegeben haben, die besonders große Tiere beeinträchtigte, die viel Nahrung benötigten. Auch starben nicht alle Tiere zum gleichen Zeitpunkt aus. Einige Gruppen wie z. B. die Meeresreptilien starben bereits einige Millionen Jahre vor dem Ende der Kreidezeit aus, während andere wie Dinosaurier und Ammoniten noch in Gesteinen entdeckt wurden, die sich erst gegen Ende des Zeitalters gebildet hatten. Außerdem hatte sich die Zahl der verschiedenen Dinosaurierarten bereits viele Millionen Jahre vor dem großen Aussterben verringert, sodass es am Ende der Kreidezeit nur noch wenige Dinosaurierarten wie Triceratops, Edmontosaurus und Tyrannosaurus gab.

Mehr als einen Grund

Wie kann man diese verschiedenen Fakten zusammenfassen, um eine schlüssige Erklärung für das Aussterben zu erhalten? Bis vor kurzer Zeit suchte man nach einem einzigen Grund, der dieses Ereignis ausgelöst haben könnte. Es ist jedoch viel wahrscheinlicher, dass es mehrere unterschiedliche Faktoren gab, die zur Abnahme der Artenvielfalt und schließlich zum Aussterben der Dinosaurier und vieler anderer Tierarten führten.

Die letzten Dinosaurier

Hier sind einige Dinosaurier dargestellt, die in der Oberkreide zur Zeit des großen Aussterbens lebten. Einer von ihnen, Parasaurolophus, existierte seit fast 20 Millionen Jahren.

Ankylosaurus

Pachyrhinosaurus

Saltasaurus

Tyrannosaurus

Pachycephalosaurus

Triceratops

Therizinosaurus

Parasaurolophus

Aussterben

Die meisten Wissenschaftler sind sich einig, dass am Ende der Kreidezeit ein riesiger Meteorit auf der Erde einschlug. Die Auswirkungen töteten wahrscheinlich alle Dinosaurier, auch diese Ornithomim'den und viele andere Tiere und Pflanzen.

Aussterben

Katastrophen

Am Ende der Kreidezeit änderte sich die Umwelt auf der Erde radikal. Die Kontinente drifteten auseinander, das Klima kühlte sich ab und neue Pflanzen entwickelten sich. Möglicherweise konnten sich die Dinosaurier und andere Tiere diesen neuen Bedingungen nicht anpassen. Es müssen sich darüber hinaus aber auch andere Naturkatastrophen ereignet haben, die das dramatische Aussterben vieler Arten verursachten.

Am Ende der Kreidezeit kam es zu Vulkanausbrüchen, die mehrere Millionen Jahre andauerten. Diese Ausbrüche und der Einschlag eines gewaltigen Meteoriten haben wohl so viel Staub in die Atmosphäre geschleudert, dass die Sonnenstrahlung beeinträchtigt wurde und damit auch das Leben auf der Erde. Große Tiere wie die Dinosaurier konnten diese doppelte Katastrophe nicht überstehen, weil für sie nicht mehr ausreichend Nahrung vorhanden war. Manche kleineren Tierarten überlebten in der verkümmernden Vegetation, bis diese sich wieder erholte. ▶

Nachdem die große Landmasse auseinander gebrochen war und die Kontinente sich auf ihre heutigen Positionen zubewegten, kühlte das Klima auf der Erde durch veränderte Meeresströmungen und Windrichtungen ab. Blütenpflanzen verdrängten die Nadelbäume und Farne, die bis dahin in Wäldern und Steppen verbreitet waren. Dieser allmähliche Wandel, der zur Verringerung der Artenvielfalt und zu neuen Arten bei den Dinosauriern während der letzten Millionen Jahre der Kreidezeit geführt hatte, kann jedoch nicht Ursache für das plötzliche Aussterben der Dinosaurier und anderer Tiere am Ende der Kreidezeit gewesen sein. Wahrscheinlich besiegelten zwei große Naturkatastrophen ihr Schicksal – der Einschlag eines riesigen Meteoriten und der Ausbruch eines „Supervulkans".

Der Tod von oben

Aus dem Weltall wird die Erde stetig mit Steinen bombardiert. Normalerweise verglühen diese in der Atmosphäre, bevor sie die Erde erreichen können. Manche schlagen jedoch als Meteorit auf der Erde ein. Die meisten Meteoriten sind klein – nicht größer als ein Tennisball. In der Geschichte der Erde schlugen früher aber auch riesige Meteoriten ein und verursachten gewaltige Verwüstungen. Zeugen dieser Zerstörung sind gewaltige Krater, die durch den Aufprall der Giganten entstanden. Meteoriten enthalten große Mengen des seltenen Metalls Iridium. Die Entdeckung großer Mengen dieses Metalls in Tonschichten, die sich am Ende der Kreidezeit ablagerten, führte Wissenschaftler zu der Annahme, dass der Einschlag eines riesigen Meteoriten

das Aussterben zu jener Zeit mit verursacht haben könnte. Diese Vermutung wurde durch die Entdeckung einen riesigen Meteoritenkraters von mehreren hundert Kilometern Durchmesser bestätigt. Er liegt auf der mexikanischen Halbinsel Yucatan und in dem sie umgebenden Meer.

Der Tod von unten

Etwa zur selben Zeit gab es im heutigen Zentralindien eine Reihe gewaltiger Vulkanausbrüche. Bei diesen Ausbrüchen, die sich über mehrere Millionen Jahre erstreckten, wurden unzählige Tonnen Lava, Asche und Staub in die Luft geschleudert. Als Folge verdunkelte sich die Sonne und die Temperatur auf der Erde ging zurück. Der Meteoriteneinschlag muss ganz ähnliche Auswirkungen gehabt haben: Ungeheure Mengen von Asche, Staub und Dampf wurden in die Atmosphäre geschleudert und blieben dort für lange Zeit.

Der Staub setzt sich ab

Wegen der durch den Staub in der Atmosphäre verminderten Sonnenstrahlung fiel die Temperatur und die Pflanzen verkümmerten. Große Herbivoren fanden keine Nahrung mehr und verhungerten. Als die Herbivoren seltener wurden, fanden auch die Karnivoren immer weniger Nahrung und verhungerten ebenfalls. Wahrscheinlich dauerte es nur wenige Monate, bis die Vegetation abgestorben war und anschließend auch alle großen Tiere verendeten. Zu der Zeit, als sich der Staub auf der Erde dann abgesetzt hatte, waren die Dinosaurier bereits von der Erdoberfläche verschwunden.

Glückliche Überlebende

Obwohl alle Tiere, die wir als Dinosaurier bezeichnen, am Ende der Kreidezeit ausstarben, sind sie in einer bestimmten Weise noch heute unter uns. Vögel sind die direkten Nachfahren kleiner Theropoden. Viele Wissenschaftler betrachten Vögel ausschließlich als fliegende gefiederte Dinosaurier, die Glück hatten und das große Aussterben überlebten – denke einmal daran, wenn du das nächste Mal im Park Enten fütterst!

Dinosaurierfilme

Alles nur erfunden?

Hollywoods Filmproduzenten waren schon immer von den Dinosauriern fasziniert, weil sie alles besitzen, was ein klassischer Bösewicht braucht – sie sind stark, gefürchtet, erschreckend und mörderisch. Die ersten Filme, in denen Dinosaurier eine Rolle spielen, wurden zu Beginn des letzten Jahrhunderts produziert, darunter Klassiker wie „Die verlorene Welt" (nach einem Roman von Sir Arthur Conan Doyle). Einige Filme zeigen die Dinosaurier angemessen als urzeitliche Tiere. Die meisten Filme verfälschen jedoch die Tatsachen aus Sensationsgier und Effekthascherei.

In dem Film „Gorgo" ist der gigantische Fleischfresser viel größer als alle bekannten Theropoden. Auch die Spezialeffekte sind sehr schlecht – Gorgo ist allzu offensichtlich ein Mensch in einem Gummikostüm! ▼

Obwohl die Handlung frei erfunden ist, zeigt die Originalversion von „King Kong" (1933) die Dinosaurier nach den damaligen wissenschaftlichen Erkenntnissen. ▼

Tolle Spezialeffekte attestierte man dem Film „Eine Million Jahre vor unserer Zeit" (1966). Jedoch leben in diesem Film Menschen und Dinosaurier gleichzeitig, was gar nicht möglich war. ▶

Viele Filme zeigen Höhlenmenschen, die zur gleichen Zeit wie die Dinosaurier leben. In ständiger Angst vor diesen bedrohlichen Monstern, müssen sie gegen die Dinosaurier kämpfen, um sich und ihre Familien zu schützen. Höhlenmenschen und Dinosaurier konnten gar nicht gleichzeitig gelebt haben, da die Dinosaurier bereits vor 65 Millionen Jahren ausstarben und die ersten Menschen erst 64 Millionen Jahre später erschienen. In mehreren anderen Filmen wie in „Die verlorene Welt" haben Dinosaurier in einer entlegenen Region bis heute überlebt und werden von Forschern entdeckt. Dabei sind heute nur noch sehr wenige Gebiete der Erde unerforscht. Und es ist ganz unwahrscheinlich, dass so große Tiere wie die in den Filmen gezeigten Dinosaurier dort unentdeckt überlebt haben. Jüngere Filme wie „Jurassic Park" gehen davon aus, dass Dinosaurier mit Hilfe der Gentechnologie wieder zum Leben erweckt werden könnten. Das ist zwar eine bestechende Idee, aber sachlich falsch, weil genetisches Material den Versteinerungsprozess nicht übersteht.

Filmmonster
Dinosaurier werden in Filmen häufig als gigantische Monster von der Größe eines

Wolkenkratzers gezeigt. Sie besitzen erstaunliche Fähigkeiten, können Feuer speien oder sind unglaublich stark. Leider gibt es keine wissenschaftlichen Beweise, die solche Vorstellungen belegen. Obwohl Dinosaurier sehr groß wurden, war keiner mehr als 50 m lang. In „Jurassic Park" z. B. ist Velociraptor wesentlich größer, als er in Wirklichkeit war. Vermutlich sollte er noch erschreckender, unheimlicher erscheinen. Sagenhafte Feuer speiende Drachen kommen in Geschichten aus dem Mittelalter vor. Drachen waren groß wie Dinosaurier und ebenfalls Reptilien – aber Dinosaurier haben tatsächlich gelebt, Drachen, auch wenn sie Feuer speien konnten, dagegen nicht.

Wirklichkeitsgetreue Darstellung

Nur in wenigen Filmen wird die Lebensweise der Dinosaurier genau dargestellt. „Jurassic Park" zeigt das komplizierte Sozialverhalten der Dinosaurier in Szenen, in denen Velociraptor im Rudel jagt oder Sauropoden von den Baumwipfeln fressen.

▲ Viele Rekonstruktionen in „Jurassic Park" zeigen die Dinosaurier so, wie sie nach neuesten Erkenntnissen lebten. Die Szene des schlüpfenden Velociraptor beruht auf jüngsten Entdeckungen von Dinosauriereiern und Jungtieren.

Dank moderner Computertechnik können sehr genaue Modelle von Dinosauriern hergestellt werden. Die Details bei diesem Triceratops aus „Jurassic Park" sind bemerkenswert – sogar einzelne Hautschuppen sind erkennbar. ▼

Glossar der Fachbegriffe

Worterklärungen

Aasfresser Tiere, die sich von anderen Tieren ernähren, die schon tot sind.

Ära Größere geologische Zeiteinheit. Dinosaurier lebten während der mesozoischen Ära (dem Mesozoikum).

Ammoniten Ausgestorbene Schalentiere, die eng mit den heutigen Tintenfischen und Kraken verwandt sind. Sie besaßen spiralförmige Schalen und waren im Mesozoikum weit verbreitet.

Ankylosaurier (Ankylosauria) Eine der fünf Hauptgruppen der Ornithischier (vogelhüftige Dinosaurier). Ankylosaurier waren vierbeinige Pflanzenfresser mit knöchernen Panzerplatten. Man teilt sie in zwei Untergruppen (Ankylosauridae und Nodosauridae). Sie lebten im Jura und in der Kreide.

Art Die kleinste Unterteilung in der Systematik von Pflanzen und Tieren.

ausgestorben Das sind Tiere oder Pflanzen, die nicht mehr existieren. Arten können aus mehreren Gründen aussterben, z. B. durch Klimaveränderungen, Umweltkatastrophen oder Vernichtung durch den Menschen. Die Dinosaurier starben vor 65 Millionen Jahren aus. Die Gründe sind noch nicht restlos klar, jedoch waren wohl ein gigantischer Meteoriteneinschlag, andauernde Vulkanausbrüche und Klimaänderungen dafür verantwortlich.

Aves Wissenschaftlicher Name für die Vögel.

Bänder Harte Gewebestränge, die Knochen miteinander verbinden. Bänder bestehen aus Kollagen, das bei einigen Dinosauriern verknöcherte.

Beutetier Wird von anderen Tieren gejagt, um gefressen zu werden.

Biologie Wissenschaft vom Leben und allen damit zusammenhängenden Aspekten wie z. B. Struktur und Wachstum von Tieren und Pflanzen.

biped Tier, das nur auf seinen Hinterbeinen läuft.

Brustbein (Gabelbein) Knochen im Brustbereich von Vögeln und einigen Dinosauriern, aus der Verschmelzung der Schlüsselbeinknochen (Clavicula) entstanden. Der wissenschaftliche Name ist Furcula.

Ceratopsier (Ceratopsia) Eine der fünf Hauptgruppen der Ornithischier (vogelhüftige Dinosaurier). Alle Ceratopsier waren Pflanzenfresser und die meisten liefen auf allen vieren. Die Mehrzahl der Ceratopsier besaß eine Halskrause und einen papageienartigen Schnabel. Einige hatten Hörner. Zu den Ceratopsia gehören Psittacosaurus und zwei andere Gruppen – die Protoceratopsidae und Ceratopsidae (Hornsaurier). Die Ceratopsier lebten in der Kreidezeit.

Dinosauria Der Begriff „Dinosauria" wurde 1842 von dem Engländer Sir Richard Owen eingeführt. Er bedeutet „schreckliche Echse". Dinosaurier – oder Dinosauria – sind eine Gruppe ausgestorbener Reptilien, die im Mesozoikum von der Oberen Trias bis zum Ende der Kreide lebte. Sie umfasst sowohl kleine, flinke Fleischfresser, die auf zwei Beinen liefen, als auch massige Pflanzenfresser, die auf allen vieren gingen.

Embryo Bezeichnung für ein ungeborenes Lebewesen.

Fährte Eine Reihe von Fußabdrücken, die von einem Tier stammen. Fossile Fährten von Dinosauriern liefern Informationen über Laufgeschwindigkeit und Verhalten.

Fossilien Überreste sehr alter Tiere oder Pflanzen, die im Gestein erhalten blieben.

Frühgeschichte Zeitraum vor Beginn schriftlicher Aufzeichnungen, den allergrößten Teil der Erdgeschichte umfassend.

Gastrolith oder Magenstein. Steine wurden von einigen Dinosauriern verschluckt, um die Nahrung im Magen besser zermahlen zu können.

Geologe Wissenschaftler, der sich mit den Gesteinen und der Erdgeschichte befasst.

Hadrosaurier (Hadrosauridae) Entenschnabelsaurier. Hadrosaurier gehören zur Gruppe der Ornithopoda. Sie waren Pflanzenfresser und liefen auf ihren Hinterbeinen. Einige Hadrosaurier besaßen spektakuläre Kämme auf ihrem Schädel. Hadrosaurier lebten in der Kreidezeit.

Herbivoren Tiere, die sich vorwiegend oder ausschließlich von Pflanzen ernähren wie Antilopen, Schafe und Kaninchen. Ornithischier, Sauropoden und Prosauropoden waren herbivore Dinosaurier.

Ichnofossil Wissenschaftliche Bezeichnung für einen fossilen Fußabdruck.

Ichthyosaurier (Ichthyosauria) Weit verbreitete Meeresreptilien im Mesozoikum und besonders während des Juras. Sie besaßen einen fischförmigen Körper, eine lange Schnauze mit vielen Zähnen und einen sichelförmigen Schwanz.

Kamm Bestand aus Knochen oder Haut und ragte aus einem Körperteil hervor. Die spektakulärsten Kämme hatten die Hadrosaurier (Entenschnabelsaurier), die in den unterschiedlichsten Formen auf ihren Köpfen saßen.

Karnivoren Pflanzen oder Tiere, die sich vorwiegend oder ausschließlich von Fleisch ernähren. Theropoden waren karnivore Dinosaurier.

Katastrophe Ein großes Unglück. Mehrere Katastrophen am Ende der Kreidezeit (Einschlag eines Meteoriten und massive Vulkanausbrüche) führten zum Aussterben der Dinosaurier.

Keratin Die Substanz, aus der Fingernägel, Haare, Krallen, Federn und Hornscheide bestehen. Einen Hornschnabel aus Keratin, wie ihn heutige Vögel und Schildkröten besitzen, hatten auch einige Dinosaurier.

Kollagen Wichtiger Bestandteil im Bindegewebe, in den Knochen und Knorpeln des Körpers.

Koniferen Immergrüne Bäume wie Tannen und Kiefern mit Zapfen und nadelartigen Blättern. Im Mesozoikum waren Koniferen die weit verbreitetsten Bäume und die wichtigste Nahrungsquelle für Pflanzenfresser.

Koprolith Versteinerter Kot. Koprolithen enthalten Reste der letzten Mahlzeit eines Dinosauriers.

Knochengrab Eine Gesteinsschicht, die eine große Anzahl fossiler Knochen birgt. Oft ein Beleg für ein Massensterben. Viele Knochengräber entstanden durch Hochwasser oder Vulkanausbrüche, denen Dinosaurierherden plötzlich zum Opfer fielen.

Landverbindung Eine schmale Landzunge, die zwei größere Landmassen miteinander verbindet. Als die Kontinente im Mesozoikum noch dicht nebeneinander lagen, waren sie über Landbrücken miteinander verbunden. Dinosaurier und andere Tiere konnten so jeden Kontinent erreichen.

Luftkammern Hohle, mit Luft gefüllte Strukturen in den Knochen von Vögeln. Vermutlich besaßen auch Dinosaurier Luftkammern.

Meteor Ein Gesteinsbrocken, der durch das All fliegt und gewöhnlich nachts an seinem hell leuchtenden Schweif erkennbar ist. Meteore können winzig wie ein Staubpartikel oder riesengroß wie ein Asteroid sein. Meteore, die nicht in der Erdatmosphäre verglühen, schlagen als Meteoriten auf der Erde ein. Der Einschlag eines riesigen

Meteoriten hat am Ende der Kreidezeit wahrscheinlich das Aussterben der Dinosaurier mit verursacht.

Mosasaurier Große Meeresechsen, die während der Kreidezeit lebten und Fische, Ammoniten und andere Meeresreptilien fraßen. Sie sind eng mit den heutigen Waranen verwandt.

Nahrungskette Die Beziehung zwischen Tieren und Pflanzen, die über die Nahrung voneinander abhängig sind. Eine einfache Nahrungskette sieht so aus: Gras (Anfang der Kette) wird von einer Antilope gefressen, diese wiederum von einem Löwen (Ende der Kette).

Omnivoren Tiere, die sowohl Pflanzen als auch Fleisch fressen wie Schweine und Dachse. Ornithomimosaurier beispielsweise waren omnivore Dinosaurier.

Ornithischier (Ornithischia) Vogelhüftige Dinosaurier. Ornithopoden, Ankylosaurier, Stegosaurier, Pachycephalosaurier und Ceratopsier gehören zu dieser Gruppe. Alle Ornithischier waren Pflanzenfresser.

Ornithomimosaurier (Ornithomimosauria) Eine Gruppe der Theropoden in der Kreidezeit. Sie besaßen keine Zähne, sondern scharfe Hornschnäbel und waren bipede Omnivore mit langen, grazilen Hälsen. Häufig werden sie auch als vogelartige Laufsaurier bezeichnet, da sie den heutigen Straußen sehr ähnlich sind. Ornithomimosaurier gehörten zu den schnellsten Läufern, die je auf der Erde lebten.

Ornithopoden (Ornithopoda) Eine der fünf Hauptgruppen der Ornithischier (vogelhüftige Dinosaurier). Ornithopoden waren zweibeinige Pflanzenfresser, die auch auf allen vieren gehen konnten. Zu ihnen zählen Hypsilophodontiden (wie Hypsilophodon), Iguanodontiden (wie Iguanodon) sowie Hadrosaurier (Entenschnabelsaurier). Ornithopoden besaßen kräftige Kiefer und besondere Zähne, um Pflanzen zu kauen. Sie lebten im Jura und in der Kreidezeit.

Pachycephalosaurier (Pachycephalosauria) Eine der fünf Hauptgruppen der Ornithischier (vogelhüftige Dinosaurier). Pachycephalosaurier waren zweibeinige Pflanzenfresser. Ihr auffälligstes Merkmal ist ihre Schädelkuppel aus festem Knochen. Sie lebten in der Kreidezeit.

Paläontologe Wissenschaftler, der sich mit Fossilien befasst.

Palmfarne Pflanzen mit einem kurzen Stamm und großen fächerartigen Blättern. Sie sind heute nicht sehr verbreitet, waren es jedoch im Mesozoikum.

Pangaea Während der Trias und im Jura bildeten alle Kontinente eine einzige riesige Landmasse, die Wissenschaftler Pangaea nennen.

Pangaea heißt „die All-Erde". In der Kreidezeit zerbrach Pangaea. Die Kontinente drifteten auseinander und nahmen allmählich ihre heutige Lage ein.

Periode Geologischer Zeitabschnitt. Das Mesozoikum teilt sich in drei Perioden: Trias (vor 245 bis vor 213 Millionen Jahren), Jura (vor 213 bis vor 144 Millionen Jahren) und Kreide (vor 144 bis vor 65 Millionen Jahren).

Plesiosaurier (Plesiosauria) Weit verbreitete Meeresreptilien im Mesozoikum. Die meisten Plesiosaurier besaßen einen kurzen, tonnenförmigen Körper, vier paddelartige Flossen, einen sehr langen Hals und einen kleinen Kopf.

Pliosaurier Weit verbreitete Meeresreptilien während des Juras. Pliosaurier sind sehr eng mit den Plesiosauriern (siehe oben) verwandt. Einige Pliosaurier waren die größten Meeresraubtiere aller Zeiten.

Prosauropoden (Prosauropoda) Eine der fünf Hauptgruppen der Ornithischier (vogelhüftige Dinosaurier). Prosauropoden hatten einen langen Hals und einen tonnenförmigen Körper. Einige Prosauropoden liefen auf allen vieren, andere jedoch nur auf ihren Hinterbeinen. Sie waren Pflanzenfresser und die ersten großen Dinosaurier, die auf der Erde erschienen. Prosauropoden lebten während der Oberen Trias und dem Unteren Jura.

Pterosaurier (Pterosauria) Flugsaurier, die im Mesozoikum sehr verbreitet waren. Pterosaurier hatten lange Flügel, die aus einem Hautlappen bestanden. Ihre Größe war sehr unterschiedlich: Es gab sperlingsgroße Tiere, aber auch solche von der Größe eines kleinen Flugzeugs. Sie ernährten sich vielseitig, fraßen Insekten, aber auch Fische. Pterosaurier waren enge Verwandte der Dinosaurier.

Pygostyl Ein kleiner Knochen, der durch die Verschmelzung mehrerer Wirbel entstand. Pygostyle oder Bürzel findet man bei Vögeln und einigen Theropoden an Stelle eines langen, knöchernen Schwanzes.

quadruped Tier, das auf vier Beinen geht.

Raubtier Ein Tier, das andere Tiere jagt, tötet und auffrisst.

räumliches Sehen Die Fähigkeit, ein Objekt mit beiden Augen zugleich fokussieren zu können. Dies ermöglicht es, Entfernungen sehr genau abzuschätzen. Menschen, Affen und viele andere Säugetiere und Vögel besitzen diese Fähigkeit. Einige Dinosaurier könnten sie ebenfalls besessen haben.

Saurischier (Saurischia) Echsenhüftige Dino-

saurier. Theropoden, Sauropoden und Prosauropoden zählen zu dieser Gruppe.

Sauropoden (Sauropoda) Eine der drei Hauptgruppen der Saurischier (echsenhüftige Dinosaurier). Sauropoden hatten einen sehr langen Hals und Schwanz sowie einen tonnenförmigen Körper. Sie waren vierbeinige Pflanzenfresser und die größten aller Dinosaurier. Sauropoden lebten im Jura und in der Kreide.

Schwanzkeule Eine feste Keule aus Knochen, die sich am Schwanzende einiger Ankylosaurier und Sauropoden befand. Schwanzkeulen wurden wahrscheinlich zur Verteidigung gegen große Fleischfresser eingesetzt.

Sedimentgestein Gesteine, die aus Ablagerungen von Sand, Ton und Schluff entstanden sind.

Sehnen Harte Gewebestränge, die Knochen mit Muskeln verbinden. Sehnen bestehen aus Kollagen, das bei einigen Dinosauriern verknöcherte.

Stegosaurier (Stegosauria) Eine der fünf Hauptgruppen der Ornithischier (vogelhüftige Dinosaurier). Stegosaurier waren vierbeinige Pflanzenfresser. Sie besaßen Reihen knöcherner Platten und Dornen auf ihrem Rücken. Stegosaurier lebten im Jura und in der Kreide.

Theropoden (Theropoda) Eine der drei Hauptgruppen der Saurischier (echsenhüftige Dinosaurier). Theropoden liefen aufrecht auf ihren Hinterbeinen und waren ausschließlich Fleischfresser. Sie lebten in der Oberen Trias, im Jura und der Kreide.

Wirbel Einzelne Knochen, aus denen die Wirbelsäule besteht. Die Wirbelsäule setzt sich aus Hals-, Brust- und Rückenwirbel zusammen.

Wirbeltier (Vertebrat) Ein Tier mit einer Wirbelsäule. Alle Fische, Amphibien, Reptilien (einschließlich der Dinosaurier), Vögel und Säugetiere sind Wirbeltiere.

Zacken Dinosaurierzähne waren oft an den oberen Kanten sägeartig gezackt und glichen in gewisser Weise der Klinge einer Säge oder eines Steakmessers. Theropoden besaßen Zähne mit vielen kleinen Zacken, um gut durch das Fleisch der Beutetiere schneiden zu können. Die Zähne von Ornithischiern hatten große Zacken, mit denen sie besser Pflanzen abbeißen konnten.

Zahnbatterie Dicht gepackte und gestapelte Zähne, wie sie bei Hadrosauriern (Entenschnabelsaurier) und Ceratopsiden (Hornsaurier) vorkamen. Jede Zahnbatterie enthielt mehrere hundert Zähne.

Register

Stichwortverzeichnis

A

Aasfresser · 146, 166, 188
Achelousaurus · 47
Albertosaurus · 42, 49, 68, 74
Alligator · 10, 11
Allosaurus · 12, 19, 22, 27, 42, 49, 50, 56, 59, 72, 95, 120, 124, 138, 142-145, 166
Altispinax · 89
American Museum of Natural History · 27, 31, 36, 48, 78, 152, 155
Ammoniten · 14, 180, 181, 188
Ammosaurus · 140
Anchisaurus · 114
Angriff und Verteidigung · **42–47**
Ankylosauridae · 67
Ankylosaurier/Ankylosauria · 46, 56, 58, 59, 62, 66, 67, 68, 69, 74, 188, 189
Ankylosaurus · 22, 46, 49, 59, **68–69**
Apatosaurus · 46, 49, 57, **116–117**, 130, 138, 142
Ära · 188
Aragosaurus ·49, **128**
Archaeopteryx · 14, 22, 49, **174–175**, 176, 178, 179
Arcometatarsalia · 60
Argentinosaurus · 55
Art · 8, 59, 188
Atlascopcosaurus · 50
Ausstellung · 25, 30
Aussterben · 8, 9, **180–185**, 188
Aves · 188

B

Backenknochen · 76
Bänder · 74, 92, 116, 188
Baptornis ·49, 176, 177
Baryonyx · 22, 42, 43, 49, 50, **146–149**
Bernissartia · 14
Beutetier · 188
Biologie · 8, 30, 32, 41, 129, 188
biped · 58, 60, 188
Bison · 47, 103, 112
Bissmerkmal · 86, 166
Blauwal · 55
blühende Pflanzen · 181, 184
Blut · 33, 96, 118
Brachiosaurus · 8, 22, 49, 55, 59, **118–119**, 129
Brontosaurus · 116
Brown, Barnum · 26

Brustbein · 152, 174, 178, 188
Brustkorb · 30, 48, 49, 76, 78, 139, 174
Brut · 39, 41, 162
brüten · 154
Buckland, William · 24, 25, 27
Bürzel · *siehe* Pygostyl

C

Camarasaurus · 22, 27, 49, 116, **120–123**, 128, 130, 142
Camptosaurus · 22, 49, 58, **92–95**, 142
Carcharodontosaurus · 49, **150**
Carnotaurus · 22, 49, 134, **135–137**
Centrosaurier · 80
Centrosaurus · 6, 47
Ceratopside · 80, 82, 189
Ceratopsier/Ceratopsia · 46, 47, 56, 58, 59, 76, 80, 81, 82, 152, 154, 188
Ceratosauria · 60
Ceratosaurus · 22, 49, 72, **138**
Cetiosauriden · 129
Cetiosaurus · 26, 129
Chasmosaurier · 80
Chasmosaurus · 8, 46, 49, **80–83**, 85
Cleveland-Lloyd-Steinbruch · 138
Coelophysis · 10, 22, 48, 49, **139**
Coelurosauria · 60
Compsognathus · 22, 42, 48, 49, 54, 55, **151**
Concornis · 178
Cope, Edward Drinker · 26, 27
Corythosaurus · 33, 49, **104–107**, 106
Crystal Palace Park · 25
Cuvier, Georges · 26

D

Darmbein · 59
Deinonychus · 27, 43, 49, 54, 97, **170–171**
Dilophosaurus · 49, **140–141**
Dinosauria · 25, 27, 188
Dinosaurologie · 9
Diplodocus · 19, 22, 27, 46, 49, 59, 116, **124–127**, 129, 130, 138
Dornen · 26, 59, 67, 80, 84, 92, 96, 189
Drachen · 24, 187
drittes Bein · 116
Dromaeosauride · 48
Dromaeosaurier · 104
Dryosaurus · 145

E

Echse · 10, 14, 24, 25, 26, 32, 33, 42, 43, 48, 50, 59, 65, 80, 88, 96, 98, 108, 110, 129, 142, 151, 152, 156, 158, 162, 174, 178, 188
Edmontonia 44-45
Edmontosaurus 10, 20, 21, 48, 104, 166, 181
Egg Mountain · 37, 162
Eier · 10, 22, 27, 36, 37, 40, 41, 152, 154, 155, 162, 176, 180
Eierschale · 36
Einiosaurus · 47
Einteilung · 59
Elefanten · 24, 55, 57, 112, 118
Embryo · 36, 40, 188
Entdeckungen · **24–27**
Entenschnabelsaurier (*siehe auch* Hadrosaurier) · 10, 41
Eoalulavis · 178
Eoraptor 22, 49, **132**
Erlikosaurus · 156
Euoplocephalus · 46, 69
Evolution · 8, 64

F

Fährte · 56, 58, 80, 114, 188
Farbe · 9, 33, 85
Federn · 33, 154, 174, 175, 178, 188
fehlendes Bindeglied · 174
Fettpolster · 105
Film **186–187**
Fische · 14, 32, 42, 50, 146, 158, 174, 176, 178, 181, 189
Fleischfresser (*siehe auch* Karnivoren) 10, 11, 12, 14, 19, 40, 42, 46, 48, 49, 50, 53, 55, 59, 67, 72, 74, 86, 102, 124, 132, 138, 140, 142, 146, 152, 156, 160, 162, 166, 169, 171, 172, 186, 188, 189
Flügel · 14, 24, 175, 176, 177
Flügelspanne · 14
Flugsaurier · 14
Flüsse · 82, 150
Flutwelle · 82, 165
Foraminiferen · 181
Fortbewegung · **56–58**
Fossilien · 8, 9, 28, 29, 30, 33, 36, 188, 189
Frosch · 12
Fundstätten · **22-23**
Furcula · 188
Fußabdruck · 9, 22, 56, 58, 188

G

Gabelbein · *siehe* Brustbein
Gallimimus · 173
Gastrolith · 51, 76, 188
Gattung · 8
Gavial · 146
Gazellen · 65, 88
Geburt · **36–41**
Gehirn · 27, 43, 118, 162, 172
Gelenk · 120, 124, 166
Gentechnologie · 186
Geschwindigkeit · 56
Gewicht · 9
Ghost Ranch · 139
Giganotosaurus · 55, 150
Gnu · 82
Größe · **54–55**

H

Hadrosaurier (*siehe auch* Enten-schnabelsaurier) 48, 50, 62, 108, 188, 189
Halskrause · 46, 47, 59, 76, 78, 80, 84, 85, 86, 188
Handabdruck · 56, 58
Haut · 10, 30, 33, 45, 46, 50, 68, 70, 96, 98, 104, 130, 131, 142, 158, 188
Hautfarbe · 32, 46, 85
Hautlappen · 14, 104, 112
Herbivoren (*siehe auch* Pflanzen-fresser) · 48, 49, 50, 60, 184, 188
Herde · 40, 42, 82, 101, 104
Herrerasaurus · 12, 22, 49, **133**
Herz · 33, 118
Hesperornis · 176, 177
Hinterhalt · 142, 167
Hochwasser · 82
Horn · 26, 46, 47, 59, 68, 76, 78, 80, 84, 86, 134, 138, 188
Hüftknochen · 10, 59, 64, 65, 72, 102, 116, 125, 166, 179
Humboldt-Museum, Berlin · 31, 118
Huxley, Thomas Henry · 27
Hylaeosaurus · 22, 25, 27, 49, 67
Hypsilophodon · 22, 26, 46, 49, 54, 56, 59, **88–91**, 97, 189

I

Iberomesornis · 22, 49, 54, **178–179**
Ichnofossil · 188
Ichthyosaurier/Ichthyosauria · 14, 188
Iguanodon · 22, 24, 25, 26, 27, 42, 46, 49, 58, 59, 67, 96, 97, **98–101**, 178, 189

Iguanodontide · 96, 189
Insekten · 12
Iridium · 184

J

Jagen · 42
Jungtiere/Baby-Dinosaurier · 14, 39,
54, 55, 78, 102, 108, 129
Jura · 12, 13, 14, 18, 19

K

Kaltblüter · 32, 33
Kamm · *siehe* Knochenkamm
Kannibale · 49
Känozoikum · 13
Karnivoren (*siehe auch* Fleisch-
fresser)· 48, 49, 184, 188
Karte · 8, 22
Kasuar · 33
Katastrophe · 82, 139, 184, 188
Kentrosaurus · 22, 49, 59, **70–71**
Keratin · 42, 46, 84, 188
Kiefer · 10, 42, 49, 65, 66, 74, 76,
78, 86, 88, 92, 98, 104, 108,
120, 124, 132, 140, 143, 146,
147, 152, 158, 171, 174, 188,
189
Kino *siehe* Film
Kladogramm · 59
Klauen · siehe Krallen
Kletterfüße · 178, 179
Knochen · 9
Knochengrab · 80, 82, 102, 188
Knochenkamm · 103, 104, 108,
112, 113, 117, 118, 124, 138,
142, 152, 158, 188
Knochenkriege · 26, 27
Knochenplatten · 33, 46, 59, 67, 68,
70, 72, 102, 130
Kollagen · 92, 188, 189
Konifere · 188
Koprolithen · 48, 188
Korallen · 181
Kot (*siehe auch* Koprolith) · 48, 166
Körpertemperatur · 32, 70, 72, 86
Krallen · 24, 42, 43, 46, 50, 56,
59, 64, 76, 96, 99, 114, 133,
137, 139, 140, 146, 147, 149,
156, 166, 171, 172, 174,
188
Kreide · 12, 13, 14, 21, 180, 181,
183, 184, 185, 188
Krokodil · 10, 11, 13, 14, 32,
33, 37, 42, 50, 59, 80, 162,
178
Kuppel · 74

L

Lagerpeton · 64
Lagosuchus · 61, **64**
Lagune · 174
Lambeosaurus · 43, 49, **108–111**
Landbrücke · 12, 68, 82, 93, 188
Länge · 9
Las Hoyas · 159, 178, 179
Laufsaurier · 55, 158
Laut · 104, 124
Leguan · 50, 65
Lepidotes · 13
Leptoceratops · 26
Lesothosaurus · 22, 49, 50, 54, 62,
65
Liopleurodon · 14
Luftkammer · 118, 152, 188
Luftsäcke · 118, 129

M

Magen · 48, 51, 70, 76, 78, 87, 92,
120, 146, 188
Magen-Darm-Trakt · 30, 73, 120
Magensteine · 51, 76
Magnosaurus · 66
Maiasaura · 22, 36, 37, 39, 40, 41,
46, **102–103**
Mammut · 24
Maniraptora · 60
Mantell, Gideon · 24, 25, 26, 27, 67
Marasuchus · 64
Marginocephalia · 62
Marsh, Othniel Charles · 26, 27,
116, 142, 176
Meer · 12, 14, 102, 146, 174, 176,
180, 184
Meeresreptilien · 14, 176, 180, 181,
188
Megalosaurus · 24, 25, 27, 67
Mesozoikum · 12, 13, 14, 25, 30,
60, 188, 189
Meteor/Meteorit · 165, 183, 184,
188
Meyer, Hermann von · 114
Modell · 25
Monoclonius · 46
Morganucodon · 14
Mosasaurier · 14, 176
Museum · 30
Mussaurus · 40, 55

N

Nahrung · **48–53**
Nahrungskette · 181
Nashorn · 86
Nautilus · 14

Nest · 14, 36, 37, 39, 40, 41, 78,
102, 103, 152, 154, 155, 162
Nodosauridae · 67, 188

O

Omeisaurus · 46
Omnivore · 48, 49, 158, 189
Ornithischier/Ornithischia · 9, 59,
62, 65, 66, 76, 79, 93, 109, 140,
188, 189
Ornithomimosaurier · 158
Ornithomimus · 183
Ornithopode/Ornithopoda · 26, 59,
62, 89, 96, 97, 99, 103, 105, 109,
113, 188, 189
Ostrom, John · 27
Ouranosaurus · 22, **96**
Oviraptor · 22, 36, 40, 41, 49, 59,
78, **152–155**
Owen, Richard · 25, 27, 188
Ozean · 14, 128, 134

P

Pachycephalosaurier/Pachycephalo-
sauria · 58, 59, 62, 74, 189
Pachycephalosaurus · 22, 49, 59,
74–75
Pachyrhinosaurus · 47, 49, 80, **84**
Paläontologe · 28, 32, 132, 146, 166,
171, 189
Paläontologie · 8
Palmfarne · 13, 70, 86, 189
Pangaea · 12, 96, 189
Panzerung · 46, 66, 130
Panzerplatten · 59, 66, 67, 69, 130,
188
Papagei · 76, 162
Parasaurolophus · 21, 46, 49, 74,
104, **112–113**, 181
Patagosaurus · 22, 49, 129
Peitschenschwanz · 116, 124
Pelecanimimus · 22, 30, 49,
158–159, 178
Pelikan · 158
Pentaceratops · 55
Periode · 12, 189
Pflanzenfresser (*siehe auch* Herbi-
voren) · 10, 11, 42, 43, 48, 50,
51, 59, 62, 65, 66, 67, 70, 72, 74,
76, 85, 88, 95, 97, 98, 101, 104,
112, 114, 130, 131, 140, 156,
166, 171, 188, 189
Phytosaurier · 139
Piatnitzkysaurus · 11, 129
Plateosaurus · 12, 17, 22, 49, 58, 59,
114–115, 156

Plesiosaurier/Plesiosauria · 14, 180
Pliosaurier · 14
Plot, Robert · 24, 27
Prosauropode/Prosauropoda · 12, 17,
26, 40, 58, 59, 60, 76, 114, 115,
132, 140, 156, 188, 189
Protarchaeopteryx · 33
Protoceratops · 22, 24, 27, 40, 41,
49, **78–79**, 152, 154
Psittacosaurus · 22, 49, **76–77**, 80,
188
Pterosaurier/Pterosauria · 14, 35,
180, 181
Pygostyl · 178

Q

quadruped · 58
Quetzalcoatlus · 14, 35

R

Raubtier · 42, 60, 65, 74, 83, 88, 98,
104, 120, 124, 130, 137, 138,
150, 172
Rauisuchier · 139
räumliches Sehen · 134, 162, 189
Rebbachisaurus · 96
Rekonstruktion · **28–31**
Reptilien · 8, 10, 14, 25, 32, 33, 36,
50, 59, 64, 78, 132, 138, 139,
160, 180, 187, 188, 189
Rhynchosaurier · 133
Rudel · 9, 43, 97, 109, 138, 140,
162, 171, 172, 173, 187

S

Saltasaurus · 22, 46, 49, **130–131**
Säugetiere · 12, 14, 32, 33, 43, 47,
50, 64, 151, 152, 156, 162, 180,
189
Saurischier/Saurischia · 9, 59, 60, 61,
189
Sauropode/Sauropoda · 12, 19, 22,
40, 46, 55, 56, 57, 58, 59, 60, 76,
114, 116, 117, 118, 119, 120,
121, 123, 124, 125, 128, 129,
130, 131, 138, 142, 187, 188,
189
Sauropodomorpha · 59, 60, 115
Saurornitholestes · 43, 109
Scelidosaurus · 50, 59, **66**
Schädel · 14, 30, 42, 46, 50, 55, 59,
66, 67, 68, 74, 78, 80, 84, 86, 88,
96, 98, 103, 104, 114, 116, 118,
120, 128, 129, 130, 132, 133,
134, 138, 139, 140, 141, 142,
143, 146, 150, 151, 152, 156,

191

158, 159, 162, 166, 172, 178,
188

Schädelkuppel · *siehe* Kuppel

Schalentiere · 14, 152, 181,
188

Schambein · 59, 65

Schildkröte · 14, 88, 104, 158, 178,
188

Schlange · 14

Schwanzkeule · 46, 67, 68, 189

Schwein · 78

schwimmen · 56, 112, 176

Schwimmfüße · 176

Scutellosaurus · 140

Sedimentgestein · 23, 28, 189

See · 14, 37, 107, 176

Segel · 96

Segnosaurus · 156

Sehne · 92, 97, 104, 189

Sehvorgang · 162

Seismosaurus · 55

Sinosauropteryx · 33

Sitzbein · 59

Skelett · 11, 28, 29, 30, 32, 33, 41,
48, 50, 56, 58, 65, 67, 69, 74,
75, 81, 85, 86, 97, 104, 116,
118, 119, 128, 132, 135, 151,
152, 158, 159, 161, 166, 177,
178

Spinosaurus · 96

Stachel · 45, 68, 70, 84, 85, 166

Stammbaum · 8, 59, **60–63**,
132

Stegosaurier/Stegosauria · 22, 56, 59,
62, 66, 70, 71, 72, 73, 189

Stegosaurus · 12, 22, 46, 49, 70,
72–73, 76, 96, 138, 142

Strauß · 76

Struthiomimus · 49, 56, **160–161**

Styracosaurus · 47, 49, 76, 80, **85**

Systematik · 9

T

tauchen · 176

Tenontosaurus · 43, 49, 97, 171

Tetanurae · 61, 143

Thecodontosaurus · 26

Therizinosaurus · 40, 49, **156–157**

Theropode/Theropoda · 11, 22,
30, 33, 36, 37, 40, 41, 42, 43,
46, 47, 48, 50, 55, 56, 58, 59,
60, 61, 66, 68, 76, 78, 96, 97,
132, 133, 134, 138, 139, 140,
141, 142, 146, 147, 150, 151,
152, 153, 154, 156, 157, 159,
161, 163, 167, 171, 173, 174,
175, 177, 179, 185, 186, 188,
189

Thescelosaurus · 33

Thyreophora · 62

Titanosauriden · 130

Trias · 11, 12, 14, 17

Triceratops · 13, 22, 42, 46, 49, 54,
59, 76, 78, 80, 82, 85, **86–87**,
166, 181, 187

Troodon · 22, 33, 36, 37, 40, 43, 49,
54, **162–165**

Tyrannosaurier · 102, 107, 134

Tyrannosaurus · 8, 13, 22, 35, 42,
45, 49, 50, 51, 53, 54, 59, 68,
74, 86, 150, **166–169**, 172,
181

U

Umweltkatastrophen · *siehe*
Katastrophe

V

Velociraptor · 22, 48, 49, 78, 152,
171, **172–173**, 174, 187

Verhalten · 32, 33, 188

Vertebrat · 189

Verteidigung · *siehe* Angriff und
Verteidigung

Vogel · 8, 9, 13, 14, 27, 32, 33,
36, 37, 42, 50, 55, 58, 59, 60,
65, 76, 88, 102, 152, 158, 174,
175, 176, 178, 179, 185,
188

Vulkan · 28, 82, 102, 184, 188

W

Wälder · 12, 13, 21, 22, 91, 101,
120, 184

Wange · 78

Warane · 14, 40, 50, 51

Warmblüter · 32, 33, 102

Wärmetauscher · 96

Weltall · 139

Wirbel · 116, 118, 133, 189

Wirbeltiere · 116, 139, 151, 189

Wölfe · 171

Y

Young, C. C. · 27

Z

Zacken · 189

Zahnbatterie · 86, 108, 189

Zähne (*siehe auch* Zahnbatterie) · 9,
10, 14, 24, 26, 42, 43, 49, 50, 51,
59, 64, 65, 66, 74, 78, 79, 86, 88,
92, 96, 97, 98, 102, 104, 108,
114, 117, 118, 120, 124, 128,
132, 133, 134, 137, 139, 140,
146, 150, 151, 156, 158, 162,
163, 166, 172, 174, 189

Zeitalter der Dinosaurier · **12–21**,
130

Zeitalter der Säugetiere · 13

Zeittafel · 9